本书为教育部人文社会科学研究青年基金项目"公元前三世纪至公元三世纪朝鲜半岛汉式器物考古学研究"（项目号：19YJC780003）研究成果

本书承蒙浙江大学董氏东方文史哲研究奖励基金资助出版

本研究同时得到韩国高等教育财团 ISEF 项目资助

公元前三世纪至公元三世纪
朝鲜半岛汉式器物的考古学考察

蒋　璐　著

ZHEJIANG UNIVERSITY PRESS
浙江大学出版社
·杭州·

图书在版编目（CIP）数据

公元前三世纪至公元三世纪朝鲜半岛汉式器物的考古
学考察 / 蒋璐著 . — 杭州：浙江大学出版社，2023.9
ISBN 978-7-308-24235-6

Ⅰ . ① 公… Ⅱ . ① 蒋… Ⅲ . ① 朝鲜半岛—古器物—考
古 Ⅳ . ① K883.12

中国国家版本馆 CIP 数据核字（2023）第 179257 号

公元前三世纪至公元三世纪朝鲜半岛汉式器物的考古学考察

蒋 璐 著

责任编辑	殷 尧	
责任校对	吕倩岚	
封面设计	项梦怡	
出版发行	浙江大学出版社	
	（杭州市天目山路 148 号邮政编码 310007）	
	（网址：http://www.zjupress.com）	
排 版	杭州青翊图文设计有限公司	
印 刷	杭州高腾印务有限公司	
开 本	787mm×1092mm 1/16	
印 张	6.75	
字 数	110 千	
版 印 次	2023 年 9 月第 1 版 2023 年 9 月第 1 次印刷	
书 号	ISBN 978-7-308-24235-6	
定 价	48.00 元	

目录

第一章 绪论

　　朝鲜半岛和中国在地理上同属东亚大陆。朝鲜半岛北以鸭绿江和图们江为界，与中国陆地相连，西隔黄海与中国辽宁、河北、山东、江苏等地相望。由于地理位置相近，两地在很早以前就开始有所往来。根据《史记》等文献记载，中国与朝鲜半岛的相互往来最早始于西周初期，商王朝遗臣箕子东走朝鲜。秦朝时期，故燕人卫满建立了卫氏朝鲜政权。两汉时期，朝鲜半岛北部随着汉初卫满朝鲜的兴衰和后来汉朝在这里设置郡县，与汉朝中原地区的联系进入一个新的阶段。此时的朝鲜半岛南部作为马韩、辰韩、弁韩的"三韩"之地，与汉王朝的联系也得到了进一步的增强。关于这一时期中国和朝鲜半岛之间的交往和联系，史书虽有记载，但多简略而不具体，这就需要通过考古发掘和研究加以充实和探索。通过对这一时期中国和朝鲜半岛考古发现的考古学材料的比较和分析，将有助于增进对这一时期汉地和朝鲜半岛之间关系的理解和认识。

　　本书的研究时段为公元前 300 年—公元 300 年。这一阶段在纪年范围上，属于我国的战国晚期至东汉及曹魏前期，正是社会发展处于大变革的时期。列国纷争随着秦统一六国而终止，地缘政治取代血缘政治，郡县制度日趋成熟，统一多民族中央集权的国家逐渐形成。地域文化的差异进一步缩小，民族融合的趋势明显加强。在中央政府的统治与影响下，至迟在西汉中期各地形成了统一的汉文化[1]。在中原地区社会制度发生变革的同时，公元前 300 年左右，

---

1 刘兴林：《战国秦汉考古》，南京大学出版社，2019 年 11 月。

随着战国时期燕国势力的逐渐向东扩张，以铁器文化为代表的中原文化也随之传播至我国东北地区和朝鲜半岛地区。在乐浪郡设置之后直至汉朝结束，不仅是中原文化对外影响逐渐扩大的阶段，也是朝鲜半岛作为一个独立的地理单元，其文化、政治、经济发展的关键时期。

公元前三世纪—公元三世纪，是汉文化形成、发展、壮大的重要时期，而在与当时中国毗邻的朝鲜半岛，也是从部落、联盟、最终走向国家发展的关键时期，在韩国学界一般称为"初期铁器时代"和"原三国时代"。"初期铁器时代"以铁器作为生产生活主要物质资料的特征来命名，年代相当于中国的战国晚期。"原三国时代"一词最早在 1972 年由韩国首尔大学的金元龙教授提出。在 1973 年版的《韩国考古学概说》中，他提议用"原三国时代"来命名"原初三国时代—原史时代的三国时代"这一历史时期[1]。在 1986 出版的第三版《韩国考古学概说》中，再次确认了使用"三国时代的初期"或"原始阶段的三国时代"作为原三国时代的时代区分用语的合理性，并将年代下限确立在了公元 300 年。

有一些研究者认为，根据《三国史记》中的记载，"三国时代"之前的"三国"并没有形成完整的国家，而只是处于初期发展阶段的部落，因此，现在也有学者使用"铁器时代"、"三韩时代"、"三国时代前期"、"部族国家时代"等用词来代替"原三国时代"。本书采用"原三国时代"主要是从其所代表的年代和地理两方面意义来考虑。

尽管韩国学界对于"原三国时代"的上下限年代一直有争论，且尚未形成定论，但在考古学研究中，新罗陶器和古冢的出现时期一般确定为公元 300 年，因此将公元 300 年作为原三国时代的下限是比较合理的。这一阶段的物质文化特征包括四个方面：①青铜器的消失；②铁器的发展和普及；③铁质农具带来的农耕技术的发达；④烧制温度较高、质地坚硬的泥质灰陶的生产[2]。

有一部分使用"三韩时代"概念的学者，将这一时期开始的上限年代确立为细型铜剑文化时期，即公元前 300 年以前。但是实际上，"原三国时代"并不是指高句丽、百济、新罗三个古代国家形成之前的国家原初形态的存在

1　金元龙：《韩国考古学概说》（初版），首尔：一志社，1973 年。
2　金元龙：《韩国考古学概说》（第三版），首尔：一志社，1986 年。

时期，而仅是三韩时代的原初形态。因此朴淳发先生认为，将时间和地域进行限定的"三国时代前期"、"部族国家时代"等概念，不及"原三国时代"的概念更加准确，时空界限上，可以根据研究地域或研究对象古代国家各自经历的社会变动，设立弹性的时间[1]。

自朝鲜半岛北部设置乐浪郡之后，乐浪郡汉文化不断对朝鲜半岛南部产生影响。其中最显著的是受乐浪文化影响而出现的泥质灰陶的生产。根据目前的材料，在庆尚南道昌原市茶户里遗址1号墓中，发现了泥质灰陶器与星云纹镜同存的现象。星云纹镜在中国一般流行于武帝时期，因此茶户里1号墓的年代应该在公元前一世纪后半期。这说明，受乐浪文化影响的泥质灰陶器在公元前一世纪中叶或后半叶已经出现于朝鲜半岛南部。

从研究空间范围来说，本书使用的"原三国时代"在空间范围上不仅局限于三韩地区，还包括朝鲜半岛北部地区及邻近地区。这一时期的文化交流和影响，为此后"三国"时期格局的建立和政治势力的分布奠定了重要基础。因此，本文所指的"原三国时代"在时间上大概开始于公元前一世纪中叶或后半叶，年代下限为公元300年。其所代表的地域范围不仅包括三韩，还包括与三韩相邻的其他地区。

上文将本文所研究的年代范围进行了界定。之所以将范围限定在公元前三世纪至公元三世纪，是由于无论是对于当时的中国，还是朝鲜半岛，这都是一个文化特征逐渐增强、特色文化主体地位逐渐彰显的关键时期。在这样的背景下，从考古学的物质材料出发进行研究，意在考察汉文化特征渐趋成形的关键时期，汉文化是如何与外界发生互动和关联的？在汉文化影响到的地区，作为"外来"文化的汉文化如何与当地"土著"文化相结合？当地文化又是如何在这个结合的过程中，使自身的文化逐渐发展壮大，最终走向全新的发展道路？这对于进一步理解汉文化形成过程也具有一定的积极意义。

根据现有资料，汉地与朝鲜半岛文化交流的代表性遗存主要包括墓葬、陶器、铜镜、钱币、铁器等遗物。这些遗存既有从汉地直接传入朝鲜半岛的，也有在汉地传入技术影响下于朝鲜半岛产生和出现的。然而因为地理位置、郡县设置、土著文化影响各异等因素，尽管在朝鲜半岛北部和南部都与汉朝

1　韩国考古学会：《韩国考古学讲义》（第三版），2016年，第155页。

有着紧密的联系和广泛的文化交流，但是这种联系和交流在半岛北部和南部有着明显的不同。由于一些客观原因，朝鲜半岛北部新近的考古学材料查阅较为困难，因此，本书将重点对朝鲜半岛南部的考古学材料进行系统的整理，并将其与汉地同时期遗存进行比较分析。同时，结合前人的研究结果，对朝鲜半岛北部的同时期文化进行讨论，以期对公元前三世纪至公元三世纪汉地与朝鲜半岛之间的交流和联系形成相对全面完整的观察。

第二章　朝鲜半岛北部与汉地的文化交流

第一节　乐浪郡设置的历史背景

朝鲜半岛北部自战国晚期以来，就不断有中国北方住民移居于此。至秦汉之际，移民人数剧增。西汉元封三年（公元前108年），汉武帝攻灭卫氏朝鲜，在朝鲜半岛北部设置了乐浪、临屯、玄菟、真番四郡[1]。将这一地区纳入了汉朝的郡县统治范围之内。关于汉四郡治地的具体地望问题，目前学界较为一致的意见是：乐浪郡为今平壤市、平安南道、黄海南北道地区；临屯郡为今江原道、咸镜南道地区；玄菟郡在今咸镜南北道、平安北道一带；真番郡的位置则有北方说和南方说两种，南方说又分黄海道及汉江以北京畿道的小范围说和黄海至全罗道的大范围说。

汉四郡在汉昭帝时期建制有所变动。《后汉书·东夷列传》记载："至昭帝始元五年（即公元前82年），罢临屯、真番，以并乐浪、玄菟。玄菟郡复徙居句骊。自单单大领以东，沃沮、濊貊悉属乐浪"[2]。汉四郡的废合、徙治，使乐浪郡范围扩大，领县增加至25县。并增设了乐浪东部校尉，以分管领东7县。此时的乐浪在辖境范围上已经扩大到现今黄海南北道南部、咸镜南道及江原道的部分地区。

1　《汉书·武帝纪》中记载：（元封三年）"夏，朝鲜斩其王右渠降，以其地为乐浪、临屯、玄菟、真番郡。"

2　《后汉书·东夷列传》，中华书局，1965年。

东汉建武六年（公元 30 年），光武帝罢边郡都尉，乐浪郡所属的岭东七县之地被放弃，乐浪郡的范围有所退缩，领 18 县。东汉末年，公孙氏割据辽东，并领有乐浪郡。公孙康于公元三世纪初，分乐浪南部地区设带方郡。《三国志·东夷传》记载："桓、灵之末，韩濊强盛，郡县不能制，民多流入韩国。"[1]

景初二年（公元 238 年），公孙氏割据政权被曹魏所灭，乐浪、带方二郡得以收复。《三国志·东夷传》记载："景初中，明帝密遣带方太守刘昕、乐浪太守鲜于嗣越海定二郡，诸韩国臣智加赐邑君印绶，其次与邑长"[2]。此后，乐浪、带方二郡的辖境虽常有变动，但作为郡县建制一直存在。直到西晋末年，高句丽势力不断南侵，并于公元 313 年攻占乐浪、带方二郡[3]。

自汉武帝设立汉四郡至带方、乐浪二郡被高句丽攻占，前后有 420 余年。在此期间，朝鲜半岛北部以乐浪郡为中心的四郡地区的设置为开端，朝鲜半岛北部，特别是西北部地区被纳入了汉文化分布圈之内，进一步加强了汉朝中原地区先进技术及社会制度对边郡地区的影响，极大地促进了朝鲜半岛的融合与交流，使这一地区在政治、文化、经济等各方面都产生了巨大变化。

第二节　乐浪汉墓的形制发展及与汉地的联系

考古学上的乐浪文化一般是指由乐浪郡（包括部分乐浪郡南部地区后设的带方郡）遗存，如城址、墓葬等构成的考古学文化。属于乐浪、带方时期的城址数量较少，且均没有进行过充分的考古发掘。乐浪汉墓中经过发掘或有简要报道的数量相对较多，具有中原文化特征的乐浪汉墓主要分布在以平壤市为中心的平安南道、黄海北道和黄海南道，在平安北道和咸镜北道也有零散发现，年代跨度涵盖乐浪文化的各个发展阶段，是研究乐浪文化的重要考古学资料。因此在探讨乐浪文化与中原地区关系时，本书以乐浪汉墓为主要研究对象。

关于乐浪汉墓的系统研究，主要有高久健二《乐浪古坟文化研究》[4] 一书

1　《三国志·东夷传》，中华书局，1965 年。
2　《三国志·东夷传》，中华书局，1965 年。
3　《晋书·地理志》，中华书局，1999 年。
4　高久健二：《乐浪古坟文化研究》，学研文化社，1995 年。

及王培新先生的《乐浪文化——以墓葬为中心的考古研究》[1]一书。高久健二先生对乐浪文化的木椁墓和砖室墓做了细致分类，根据随葬品中陶器的变化及铜镜的流行年代，对这两类墓葬进行了年代划分、并对墓葬等级和谱系等问题也进行了探讨。关于乐浪木椁墓结构的演变，高久健二先生认为，木椁墓由单葬经异穴合葬向同穴合葬的形式发展。关于乐浪文化的谱系，高久健二先生指出：木椁墓分别源自河北、辽宁一带的中国北方地区和华东至华南的中国东部地区，砖室墓则受到了华北和东北地区墓制的影响。

　　王培新先生的《乐浪文化——以墓葬为中心的考古学研究》一书，系统收集了汉魏晋时期大乐浪郡范围（包括乐浪郡和后设带方郡）相关考古学遗存的材料，主要分析了乐浪文化墓葬的发展过程，讨论了乐浪文化不同发展阶段的文化特征及其形成原因，探讨了乐浪文化墓葬墓主人的社会阶层和民族属性。并对乐浪文化与魏晋文化的亲属关系、乐浪墓葬后续发展对高句丽墓制转变的影响等系列问题进行了深入探讨，是目前为止研究乐浪汉墓最系统的一部著作。王培新先生依据墓葬形制（见图2–1）和随葬品的形制的演变，将乐浪汉墓划分为六期，并分析了乐浪郡与汉地的联系[2]。下文主要参照王培新先生的分期观点，并在各期之内探讨乐浪郡与汉地的联系。

　　第一期为西汉中期，墓葬以有头箱或在头部留有放置随葬品空间的单人木椁墓为主。埋葬方式采用单人葬。年代约为公元前一世纪前半期。

　　公元前108年，汉四郡的设置使得朝鲜半岛与内地的联系增多。在这一时期，木椁墓已经成为乐浪郡地区的主要的墓葬形制。在木椁墓出现之前，西北朝鲜地区的主要墓葬形制为土圹墓，随葬品以朝鲜式青铜武器、车马具为代表。新出现的木椁墓与原有土圹墓在随葬品方面也存在较大差异。木椁墓普遍以陶器随葬，出土的泥质灰陶鼓腹罐是西北朝鲜年代最早的汉式陶器[3]。此外，木椁墓中铁质武器、车马具、工具、铜镜、青铜容器、漆器等汉式随葬品大幅度增加。但是木椁墓的出现并没有完全取代土圹墓，两者并存了一段时间。随葬品中的武器、车马具既有代表本地文化传统的青铜制品，也有代表汉文化因素的铁制品。在墓葬形制及埋葬方式上与辽东地区、京津

1　王培新：《乐浪文化——以墓葬为中心的考古学研究》，科学出版社，2007年。
2　王培新：《乐浪郡与中国内地的联系》，《史学志》第48辑，2014年6月。
3　王培新：《西北朝鲜地区木椁墓研究》，《边疆考古研究》第4辑，科学出版社，2006年。

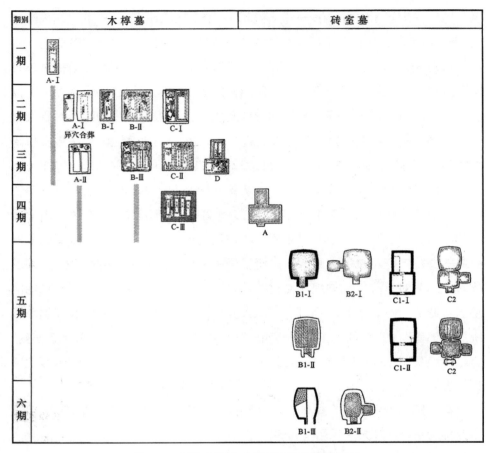

图 2-1　乐浪木椁墓、砖室墓形制演变示意图

（引自王培新：《乐浪文化——以墓葬为中心的考古学研究》，科学出版社，2007 年，86 页）

唐地区西汉早中期墓葬关系最为紧密。如西北朝鲜地区最初的椁身平面呈长方形的木椁墓形制，在辽宁及京津冀地区流行于西汉早中期。贞柏洞 M10[1] 与辽宁袁台子西汉墓东 M52[2] 等相似，台城里 M10[3] 与北京怀柔城北西汉墓 M63[4] 相同。由此可见，汉四郡初设时期，乐浪汉墓虽然还保留着本地文化传统，但其中的汉文化因素迅速增加。据文献记载，"汉初大乱，燕、齐、赵人往

1　朝鲜社会科学院考古研究所：《乐浪区域一带的古坟发掘报告》，"考古学资料集" 6，科学百科词典出版社，1983 年。

2　辽宁省博物馆文物队：《辽宁朝阳袁台子西汉墓 1979 年发掘简报》，《文物》1990 年第 2 期。

3　朝鲜科学院考古学及民俗学研究所：《台城里古坟群发掘报告》，"遗迹发掘报告" 5，科学院出版社，1959 年。

4　北京市文物工作队：《北京怀柔城北东周两汉墓葬》，《考古》1962 年第 5 期。

避地者数万口"[1]，"郡初取吏于辽东"[2]。这与通过考古学材料反映出的乐浪文化的汉文化因素，以及其与辽东及邻近地区汉文化的接近符合历史实际状况。

第二期为西汉晚期。墓葬中新出现有边箱或在棺箱旁侧留有放置随葬品空间的单人木椁墓，埋葬方式流行二人同茔异穴合葬墓。约为公元前一世纪后半期。

乐浪汉墓第二期，乐浪郡与内地的联系进一步加强。与中国内地的文化联系还扩展到山东和东南沿海地区；随葬品中产自内地的汉式器物增多，官吏的墓葬出现等级化的现象。第二期墓葬的有边箱单人木椁墓及二人同茔异穴合葬的埋葬方式，与辽东、京津唐及山东地区西汉中、晚期墓葬相同，而侧边有木椁的墓葬与山东及苏北地区的墓葬形制相似。

第三期为东汉前期。墓葬流行有头箱和边箱或在棺箱头部和旁侧放置随葬品的合葬木椁墓。埋葬方式由同茔异穴合葬演变为二人同椁合葬。约为公元一世纪。

乐浪文化第三期，来自中国内地的汉式器物数量急剧增加，墓葬随葬品中本地文化传统的青铜器、车马器消失。随葬品中漆器和青铜礼器数量较多，尤其是漆器，目前发现乐浪遗迹的漆器多出自这一时期。一般来说，随葬漆器和青铜礼器数量较多的墓葬，级别就越高。这些漆器及青铜礼器等具有表征身份地位的物品应当是来自中央政权对边郡属吏的赏赐。例如贞柏里127[3]号墓，出土"乐浪太守掾王光之印"，随葬漆器80余件，墓主人曾为郡守属吏。

西汉末年，王莽篡权，对边疆民族实施高压政策，导致了一些民族的反抗，边郡管理混乱。乐浪郡遗迹出土的"货泉"、"大泉五十"铜币等新莽时期遗物表明，王莽新政权对乐浪郡也产生了影响。东汉建立后，为稳定局势对边疆民族采取和睦政策。建武六年（公元30年），光武帝任王遵为乐浪太守，出兵打击王调割据势力，并罢乐浪东部都尉，放弃岭东七县，封当地民族首领为"县侯"。这一时期虽然边郡一度混乱，但是总体来说，中央政权对边郡地区的控制进一步加强，郡县管理体制稳定发展。

1　《后汉书·东夷列传》，中华书局，1965年。
2　《汉书·地理志》，中华书局，1962年。
3　朝鲜古迹研究会：《乐浪王光墓》，"古迹调查报告"2，1935年。

　　第四期为东汉后期，墓葬形制与第三期基本相同。埋葬方式演变为多人同椁合葬。开始出现砖室墓。年代约为公元二世纪。

　　高久健二先生曾指出乐浪文化流行的木椁墓形制中，有一种在木椁的左右方向隔出副棺或是留出相当于副椁位置的木椁，如石岩里M20、贞梧洞M4、梧野里M3等。这类墓葬形制主要流行于乐浪汉墓的第三、四期。在形制上与西汉末—东汉时期山东、苏北地区木椁墓形制最为接近，如山东临沂银雀山M6[1]、金雀山M1[2]、江苏盱眙东阳M6[3]、邗江胡场M5[4]等。另外，贞武洞M11木椁墓平面呈"T"字型，副椁横前突出，这种形制的木椁见于广州汉墓M3031[5]和江苏仪征烟袋山墓[6]。

　　乐浪地区在东汉时期仍然流行木椁墓，但是此时的中原地区砖室墓已经是主流墓葬形制，木椁墓在西汉晚期到东汉初期在中原地区已经基本不见，但砖室墓在乐浪地区取代木椁的进程没有中原地区明显。换言之，在砖室墓流入乐浪地区之后，还与木椁墓并存了一段时间。但乐浪文化第三阶段木椁墓出现在外壁包砖的做法，砖椁墓也有少量发现。第四期还有个别砖室墓，应当也是中原地区砖室墓影响的结果。

　　第五期为东汉末至曹魏前期，木椁墓消失，流行墓室四壁外弧穹窿顶单室墓和前后二室砖室墓。埋葬方式多为二人合葬或多合葬。约为公元二世纪至三世纪前半期。

　　第五期乐浪墓制发生重大变化，木椁墓消失，砖室墓全面登场，随葬品的数量减少，出现陶器和车马具明器。王培新先生认为，乐浪文化砖室墓与辽东及山东北部地区同时期墓葬有密切的文化渊源关系，而这一区域正是公孙氏政权控制的范围。公孙氏割据政权对乐浪地区的控制加强了乐浪郡与辽东之间的联系。因此，可以说乐浪墓制发生的转变，与公孙氏割据政权加强乐浪郡与辽东之间的关系有关。

　　第六期曹魏正始年间延续至乐浪、带方郡被高句丽占领以后的一段时间。流

1　山东省博物馆等：《临沂银雀山四座西汉墓葬》，《考古》1975年第6期。
2　临沂文物组：《山东临沂金雀山一号墓发掘简报》，《考古学辑刊》，社会科学出版社，1981年。
3　南京市博物馆：《江苏盱眙东阳汉墓》，《考古》1979年第5期。
4　扬州市博物馆等：《江苏省邗江胡场五号汉墓》，《文物》1981年第11期。
5　广州市文物管理委员会等：《广州汉墓》，文物出版社，1981年。
6　南京博物馆：《江苏仪征烟袋山汉墓》，《考古学报》1987年第4期。

行长方形单室砖室墓，埋葬方式为二人合葬。约为公元三世纪中期至公元四世纪。

第六期乐浪墓葬的数量有所减少，砖室墓形制单一，规模较小，前后二室砖室墓基本不见，仅存墓室两侧壁外弧的长方形单室墓，在形制上与山东、江苏地区东汉晚期—魏晋时期的砖室墓十分接近。

综观以上，乐浪汉墓的墓葬形制、随葬器物及其发展进程与中原地区基本相同，属于汉式墓葬。但是乐浪郡是汉武帝通过武力征服后新开辟的汉朝疆域，又是设于卫氏朝鲜的故地，原有文化传统不可能在郡县设置后迅速消失，汉文化与当地传统文化存在逐渐融合的过程。

虽然乐浪文化最终纳入到了汉魏晋的文化系统当中，但在一些方面上也表现出自身的特点和发展规律。从墓葬的发展进程上来看，乐浪汉墓中的木椁墓延续使用时间较长，而砖室墓出现较晚。在中国中原和关东地区，西汉中期出现小砖砌筑的砖室墓，并迅速流行并取代了土坑木椁墓。在东汉时期以后，基本不见木椁墓。但是在边疆地区，情况则略有不同。在中国北方长城沿线的砖室墓出现于西汉晚期，但砖室墓出现后，就迅速取代了木椁墓。在东汉前期之后，木椁墓在北方长城地区已经基本不见。中国东北地区砖室墓的出现还要稍晚一些，约在新莽时期。在辽东半岛，砖室墓出现以后，除个别墓葬外，土坑木椁墓基本绝迹。如盖县九垄地 M1 砖室中仍然置木椁。根据墓砖纪年材料为东汉顺帝"永和五年"（公元 140 年）[1]。朝鲜半岛砖室墓的出现年代更晚，王培新先生认为是在东汉后期[2]。另一方面，朝鲜半岛的土坑木椁墓在砖室墓出现后还大量存在，如石岩里 M20[3]、贞梧洞 M4[4]，一直延续至魏晋时期。乐浪汉墓中还出现了木椁墓与砖室墓之间的过渡类型，如石岩里 M120[5] 和梧野里 M25[6] 年代为东汉中期，但墓葬形制为木结构天井砖室墓。砖木合构形制的墓葬在中国东南沿海、东北地区和北方长城沿线也可以发现。东南沿海的土坑木椁墓也延续至东汉晚期，如江苏扬州七里甸墓[7]、仪

1　许玉林：《辽宁盖县东汉墓》，《文物》1993 年第 4 期。
2　王培新：《公元 2—4 世纪西北朝鲜砖室墓初步研究》，《边疆考古研究》第 2 辑，科学出版社，2004 年。
3　乐浪汉墓刊行会：《大正十三年度发掘调查报告》，《乐浪汉墓 1》，1974 年。
4　朝鲜社会科学院考古学研究所：《乐浪区域一带的古坟发掘报告》，"考古学资料集" 6，科学百科词典出版社，1983 年。
5　朝鲜总督府：《乐浪郡时代的遗迹》，"古迹调查特别报告" 4，1927 年。
6　朝鲜古迹研究会：《昭和十三年古迹调查报告》，1938 年。
7　南京博物院：《江苏扬州七里甸汉代木椁墓》，《考古》1962 年第 8 期。

征石碑村墓[1]、浙江绍兴漓渚墓地[2]等。北方长城沿线的砖壁木椁墓，主要见于内蒙古中南部地区，年代主要集中在西汉晚期至新莽时期[3]。在内蒙古巴彦淖尔磴口地区的汉墓中，年代较早的墓葬，椁室完全用木椁，年代较晚的墓葬，仅墓顶用木头横搭，表现了木质构材逐渐衰退进而为砖所取代的过程[4]。

如果将使用木椁视为旧有文化传统的遗留，将使用小砖视为汉代新兴墓葬形制的开始，那么砖木混合结构则说明了北方长城沿线、东北地区、东南沿海、西北朝鲜等边疆地区在旧有文化尚未完全退出历史舞台之际已经开始接受来自汉文化核心地区新兴的文化因素，体现了新旧交替的文化特点。

因此，乐浪汉墓的墓葬形制整体发展进程上，与中国中原地区一致：即木椁墓逐渐减少，最终为砖室墓所取代。但乐浪地区的木椁墓，如同其他汉代边疆地区一样，消失时间较晚，并且与砖室墓在相当长时间内共存，甚至出现了同一座墓葬用木、砖两种材质共同构筑的过渡类型。这应当是边疆地区汉代文化发展相对滞后的一种表现，也是边疆地区汉文化发展的共同之处。

第三节　乐浪汉墓的随葬品及其与汉地的联系

乐浪墓葬的随葬品极为丰富，按照质地分青铜器、漆器、陶器、铁器等。

青铜礼器在乐浪汉墓中主要出自少数墓葬，其流行时间与中国内地的同类型器基本保持同步，且同样具备表征墓主人身份和地位的意义。青铜礼器是在公元前一世纪后期开始出现于乐浪汉墓当中的，公元一世纪随葬铜器最为流行，在公元一世纪末逐渐被仿铜陶器所取代。在乐浪汉墓的第四期，即东汉后期，随葬青铜礼器和车马具的墓葬已经基本不见，随葬漆器的墓葬及各墓漆器的数量也有明显减少。一方面，受到了丧葬习俗的影响，东汉时期已经较少能见到西汉时期使用的礼器，而被模型明器和祭奠用具所取代。另一方面，东汉后期东汉政府深受内忧外患的困扰，对地方的管控也受到削弱，高规格的馈赠也已经基本不见了。

1　南京博物院：《江苏仪征石碑村汉代木椁墓》，《考古》1966年第1期。
2　浙江省文物管理委员会：《浙江绍兴漓渚东汉墓发掘简报》，《考古》1966年第1期。
3　魏坚等著：《内蒙古中南部地区汉代墓葬》，中国大百科全书出版社，1998年。
4　蒋璐：《北方地区汉墓的发展阶段及其特点》，《社会科学战线》2015年第10期。

　　铜镜是乐浪郡范围内出土数量较多的一类随葬品。其中有一部分铜镜属于汉设四郡之前。其中年代最早的一件为 1915 年石岩里遗址的山字纹镜[1]，为残次品。山字纹镜在土城洞 486 号墓[2] 也有发现。在梧野里 23 号墓[3] 等地还发现了蟠螭纹镜，这些铜镜的年代应该在战国末期至西汉前期，汉四郡设置之前。

　　乐浪郡范围内发现的汉式铜镜主要有星云纹镜类、昭明镜类、连弧纹铭文镜类、四乳四螭镜、规矩镜、盘龙纹镜等，其中有一部分铜镜与有纪年铭文的随葬品共存，为墓葬年代的判定提供了证据（见表 2–1）。

表 2–1　乐浪汉墓中出土纪年铭文铜镜一览表

编号	墓葬	铜镜	共存器物	纪年铭文
1	贞柏洞 2 号墓	日光连弧纹镜、昭明连弧纹镜	陶器、铜剑、武器、车马具、工具、漆器、金属容器、印章	公元前 14 年
2	贞柏洞 37 号墓	昭明连弧纹镜	陶器、铜剑、武器、车马具、漆器、金属容器	公元前 66 年
3	石岩里 9 号墓	云雷纹连弧纹镜	陶器、武器、车马具、工具、装饰品、漆器、金属容器、印章	公元 8 年
4	石岩里 194 号墓	云雷纹连弧纹镜、规矩镜	陶器、武器、车马具、装饰品、漆器、金属容器	公元前 85、前 23、前 16、前 8 年，公元前 3 年
5	贞梧洞 6 号墓	连弧纹镜	陶器、装饰品、漆器	公元 29、31、41 年
6	贞梧洞 1 号墓	四神规矩镜、鸟兽纹规矩镜	陶器、装饰品、漆器、金属容器	公元前 85 年、公元 5 年
7	石岩里 205 号墓葬	云雷连弧纹镜、多乳禽兽纹镜	陶器、武器、装饰品、漆器	公元 45、52、69 年
9	贞梧洞 4 号墓	云雷连弧纹镜	陶器、农具、装饰器、漆器	公元 71 年

　　依据照李阳洙：《韩半岛三韩、三国时代铜镜的考古学研究》（韩国釜山大学 2010 年博士学位论文，第 96 页）改制。

1　梅原末治：《南朝鲜的汉代遗迹》，大正十一年度古迹调查报告二册，1925 年。（转引自李阳洙：《韩半岛三韩、三国时代铜镜的考古学研究》，韩国釜山大学校博士学位论文，2010 年）

2　尹光洙：《土城洞 486 号木椁墓发掘报告》，《朝鲜考古研究》1994 年第 4 期。

3　朝鲜总督府：《平安南道大同郡大同江面梧野里古坟调查报告》，"昭和五年度古迹调查报告" 1，1935 年。

西汉前期时，主要流行星云纹镜，西汉中晚期之后，常见日光镜和昭明镜。西汉末期至东汉前期新出现规矩纹镜类和连弧纹镜类，主要流行四神规矩镜、云雷连弧纹镜等。东汉中期以后流行多乳四神禽兽纹镜、简化规矩镜、长宜子孙连弧纹镜、环绕式神兽镜等。东汉末期至曹魏时期，流行盘龙纹镜。东汉末年开始，中国内地铜镜生产进入了停滞时期，铜镜的数量减少。受此影响，东汉末期以后的乐浪汉墓中也出现了随葬铜镜数量减少的现象。从形制上来看，乐浪文化墓葬中随葬的铜镜样式与中原内地的完全一样，镜式变化也与汉镜的变化基本一致[1]。因此，乐浪郡范围内出土的铜镜与中原内地差异不大，在样式、数量上都较多样，且与中国的相比并不落后[2]，一些铜镜应当是直接从汉地输入的。

乐浪还发现了大量铜印。如贞柏洞2号墓出土"高常贤印"银印和"夫租长印"铜印，随葬品有漆器、车马具、武器；石岩里219号墓葬中出土"王根信印"银印和"王野之印"铜印，随葬漆器、车马具、武器和青铜礼器。这类墓葬中，不仅随葬器物的形制多与中原地区接近，从铜印来看，墓主人应当是管理乐浪郡的汉人。

汉王朝的货币在乐浪郡范围内也有大量出土，种类有半两钱、五铢钱、货泉、大泉五十、小泉直一、货布等。这些铜钱均为汉代内地通行的货币，其中五铢钱、货泉发现的数量最多，这表明汉代朝鲜半岛与内地的联系十分密切。

漆器上有纪年铭文，既为墓葬的年代判定提供了依据，也可看出漆器的产地，对于判定乐浪与中原政权的关系提供了重要材料。一般认为，漆器是代表墓主人社会阶层的标志性器物之一，乐浪墓葬的大部分漆器也都出自大型木椁墓中。根据漆器的铭文材料可知，乐浪墓葬是从西汉晚期开始出现漆器的，其中年代最早的是始元二年，即公元前85年，最晚的是永平十四年，即公元71年。乐浪墓葬出土的漆器铭文中有"乘舆"字样，制作精良，应是汉王朝中央政府对边郡官员的下赐[3]。另一类，漆器上的铭文多为赞扬漆器质

1　文中关于铜镜的年代，若无特殊说明均参照孔祥星、刘一曼：《中国古代铜镜》，文物出版社，1984年

2　李阳洙：《韩半岛三韩、三国时代铜镜的考古学研究》，韩国釜山大学校文学博士学位论文，2010年。

3　李慧竹：《考古学所见汉王朝在朝鲜半岛的统治与经略》，《韩国研究论丛》第16辑，2007年。

量的词句和吉祥语，其传播应当是当时一般贸易流通造成的。也有学者认为，在乐浪墓葬所出土的漆器当中，很可能有一部分来自广陵，即当时的扬州地区[1]。

乐浪汉墓中有一部分陶器受到了东南沿海汉墓的影响。王培新先生认为朝鲜半岛土城洞 M45 的青釉双领陶罐、青釉陶坛、硬釉斜领罐、绿釉双耳罐一组器物在朝鲜半岛十分罕见，但却分别与江苏邗江甘泉墓、广州汉墓M5080、湖南常德常南 M2 和广东佛山澜石 M1 等东汉墓的同类陶器相同或相似。南寻里 M29 的釉陶壶，在肩部附上双耳，这种盘口或侈口、束颈、鼓肩、双耳、平底的陶壶在汉代东南沿海也已经相当流行[2]。

在铁器方面，乐浪汉墓的铁质武器组合最初是与青铜武器共出的，但是在西汉晚期以后，铁制武器的墓葬所占比重有所增加，并逐步得到发展。在东汉中后期时，环首刀逐渐取代剑，并与矛、戟等共同构成了武器的代表性组合。乐浪文化墓葬随葬铁制武器的演变轨迹也是与中国内地同步的。高久健二先生也曾指出，贞柏洞 M62、台城里 M8 等墓的铁矛刃幅相对较宽，刃部剖面呈扁圆菱形，銎部平齐没有尾叉，是受到战国燕系铁矛的影响。这类铁器在到达乐浪地区之后，又继续向韩国南部地区传播[3]。

第四节　小结

上文主要参考前人研究，对乐浪汉墓在墓葬形制、随葬器物两方面与汉文化的联系进行了梳理。从整体上看，乐浪汉墓在墓葬形制、随葬品组合方面都不同程度地受到了汉文化的影响。从墓葬形制上看，随着汉初燕、齐等地居民迁入，朝鲜半岛北部原有的石构墓葬传统走向衰落，土坑墓、木棺墓和瓮棺葬等新兴墓葬形制随之兴起。汉初设立郡县后，木椁墓、砖室墓先后流行，其形制和结构与汉朝内地墓葬基本无异。从随葬品来看，除了某些具有当地传统的青铜兵器和车马器之外，出现了大量来自汉朝中原地区的铜器、漆器、铁器、钱币、印章等。其中有很多代表墓主人身份地位的器物类型，

---

1 李慧竹：《论汉王朝在朝鲜半岛的统治与经略》，山东大学硕士学位论文，2004 年。
2 王培新：《公元 2—4 世纪西北朝鲜砖室墓初步研究》，《边疆考古研究》第 2 辑，科学出版社，2004 年。
3 高久健二：《乐浪古坟文化研究》，学研文化社，1995 年。

如铜礼器、"乘舆"漆器等均是来自中央的馈赠。

乐浪郡设置之后，受到来自汉朝政府的直接管辖，汉朝派汉人管理乐浪郡，因此乐浪汉墓中高规格的随葬品，应当是直接来自汉地的。但是，除了代表身份和地位物品的输入之外，在乐浪土著墓葬中，还出现了汉墓中常见的铜镜、铜钱、陶器、花纹砖、壁画样式[1]等，说明汉地文化的输入除了以政治因素占主导的上层交流之外，还应当存在更接近普通民众日常生活的交流方式，可能会有一条普通民众出于经济、贸易往来而形成的交往路线[2]。郑君雷先生对乐浪汉墓中存在的文化因素进行了分析，认为其中存在东北地区汉文化因素、故燕文化因素、东南沿海汉文化因素等，由此推测汉代乐浪郡居民主要是由战国汉初东夷后裔、战国燕民后裔、东北地区汉民和东南沿海汉民组成的复合体[3]。这一部分移民人群应当是推动当时普通民众文化交流的主要力量。

汉朝向乐浪实施文化传播的途径，应当有两条：一条是陆上线路、一条为海上线路。朝鲜半岛与中国陆地相连，从中原经由京津唐地区、辽西走廊，辽东半岛很容易到达朝鲜半岛。而且由于地理位置接近，辽东半岛和朝鲜半岛共属一个墓葬分布区[4]，在文化面貌上也更为接近。中原官员到乐浪郡后，不仅会将代表身份地位的丧葬制度带来乐浪地区，中原政权对地方官员的赏赐也是汉式器物直接流入乐浪郡地区的原因。另一方面，西汉时期，由山东半岛越海去往朝鲜已经是一条成熟的海上交通路线，当时汉代已经掌握了一定的航海知识，海船制造技术也达到了相当水准，甚至已经出现了一定规模的海船生产[5]，因此辽东半岛、西北朝鲜与东南沿海之间可能存在海路联系。前述乐浪文化中的东南沿海文化因素很有可能是由东南沿海地区的居民带来的。《后汉书》中曾记载王景"浮海东奔乐浪山中，因而家焉"[6]。此外，公孙渊曾遣使孙权[7]，孙权也遣将军前往辽东，文献记载，嘉禾元年（公元232

1　郑君雷：《汉代东南沿海与辽东半岛和西北朝鲜海路交通的几个考古学例证》，《汉代考古与汉文化国际学术研讨会论文集》，齐鲁书社，2006 年。
2　李慧竹：《论汉王朝在朝鲜半岛的统治与经略》，山东大学硕士学位论文，2004 年。
3　郑君雷、赵永军：《从汉墓材料透视汉代乐浪郡的居民构成》，《北方文物》2005 年第 2 期。
4　郑君雷先生结合地理环境、民族构成和行政设置等背景因素，将汉代辽东半岛和西北朝鲜划分为"汉墓幽州分布区"。
5　王子今：《秦汉交通史稿》，中共中央党校出版社，1994 年。
6　《后汉书·王景传》，中华书局，1965 年。
7　《三国志·魏书·公孙渊传》记载："遣使南通孙权，往来赂遗。权遣使张弥，许宴等，赍金玉珠宝，立渊为燕王。"

年）三月，孙权"遣将军周贺、校尉裴潜乘海之辽东。……冬十月，魏辽东太守公孙渊校尉宿舒、阆中令孙综称藩于权。……（嘉禾二年）三月，遣舒、综还，使太常张弥、执金吾许宴，将军贺达等将兵万人。金宝珍货，九赐备物，乘海授渊"[1]。可见当时辽东半岛、西北朝鲜与东南沿海地区的海上往来已经比较频繁。

综上所述，乐浪郡设置之后，中原地区汉文化对西北朝鲜地区造成了强烈的影响。文化交流存在两个方面：一是乐浪地方长官由中央政权直接任命，并且接受来自中原王朝的赏赐馈赠，在考古学文化上表现为与中原地区几乎相同的高级别墓葬和随葬器物。二是普通民众的直接交流与接触。其原因可能是出于贸易和经济往来的需要。在文化面貌上表现为汉式器物在乐浪土著居民墓葬中出现，并与代表土著文化特征的随葬品共存。

当时的汉地与乐浪郡之间往来的路线也可分为两条，一条为陆路贸易，即通过辽东半岛与中原地区之间的陆上贸易路线。另一条，则是通过黄海与中国东南沿海地区相连的海上贸易路线。其中陆路贸易路线应是乐浪郡及整个朝鲜半岛北部主要的路线。海路贸易路线的建立和加强，也在一定程度上推动了朝鲜半岛南部的经济发展。汉王朝在朝鲜半岛北部统治地位的确立，也必然促使原已存在的贸易路径继续向朝鲜半岛南部延伸和拓展。

1　《三国志·魏书·吴主传》，中华书局，1965年。

第三章　朝鲜半岛南部与汉地的文化交流

第一节　朝鲜半岛南部地区"三韩"部落发展历史背景

在汉朝政府于朝鲜半岛北部地区设立郡县之时，朝鲜半岛南部地区形成了以部落联盟为特征的三国集团，即马韩、辰韩和弁韩，史称"三韩"。三韩之中，以地处西边的马韩最大，有54个部落，分布范围包括今韩国京畿道、忠清道、全罗道中西部，按照韩国学界的地理划分，属于湖西、湖南地区。弁韩和辰韩主要分布在今庆尚道一带，即岭南地区。辰韩在马韩之东。辰韩始有6个部落，后分为12个部落，主要位于今庆尚北道。弁韩在辰韩之南，也分为12个部落，分布于洛东江中下游地区，即今庆尚南道一带。

"三韩"之名在汉武帝设置四郡之前即已有之。据《后汉书》与《三国志》之《东夷传》记载，当卫满发动政变夺取朝鲜国王位时，国王箕准"乃率其余众数千人走入海"攻打马韩，"破之，自立为韩王"。但是，没多久箕准在马韩建立的政权便灭亡了。卫氏朝鲜建立之后，汉朝"约满为外臣"，使其"保塞外蛮夷，无使盗边"，同时，"诸蛮夷君长裕入见天子，勿得禁止。"然而，卫满反而利用汉朝扩大自己的势力，使得真番、临屯等部落成为自己的附属。直至西汉元封三年（公元前108年），汉武帝攻灭卫氏朝鲜，在朝鲜半岛北部设置了乐浪四郡，三韩部落以乐浪为中介，与汉文化的接触更加直接和频繁起来。

在汉朝政治文化的影响下，三韩部落也相继走上了古代国家的发展道路。

　　在马韩部落集团中，百济部首先强盛起来。百济原为马韩的 54 个部落之一，相传公元前 18 年，从北部南下的高句丽王子温祚率领部分臣民，来到汉江流域的百济部定居，并在汉江北岸的慰礼（今首尔附近）建立起王城，国号百济。后又将王都迁至汉江南岸的汉山（今京畿道的广州）。东汉末年，辽东地区及朝鲜半岛北部地区为公孙康集团割据势力占据，百济王仇首（214—233 年）娶公孙康之女，以联姻的方式获得了割据势力的支持。百济由此强盛起来，并逐渐统一了马韩的其他部落。

　　三韩之中的辰韩部落集团，也在斯卢部基础上逐步走向统一的国家之路。大约在公元前后，斯卢部落以金城（今庆州）为中心，联合六部组成部落联盟。到奈勿王（356—420 年在位）时，形成了金姓世系的王权，国家体制也逐渐建立起来。503 年，智证王（500—514 年）决定仿照中国习惯定国号为"新罗"，并且开始推行中国式的政治制度。在 532—562 年间，强盛起来的新罗又统一了弁韩人的所有部落，完全占有洛东江流域。至此，在原来朝鲜半岛南部的三韩部落联盟基础上，分别形成了百济和新罗。

　　公元前 37 年，在中国东北地区兴起的高句丽，曾先后以纥升骨城（今辽宁省桓仁县）和国内城（今吉林省集安市）作为都城。国力日渐强盛后，在公元 313 年相继灭亡了西晋的乐浪郡和带方郡。427 年，长寿王（413—491 年在位）将都城迁至平壤。由此形成了百济、新罗、高句丽三国鼎立的"三国时期"。

第二节　朝鲜半岛南部的原三国时代文化编年

　　由于三韩各地文化面貌的差异，在韩国考古学界，对原三国时代的分期一般是按照地域来进行研究的，主要包括中西部地区、湖南地区、岭南地区等。中西部地区主要以汉江为中心，大体包括首尔及京畿道和忠清道地区；湖南地区大体包括全罗北道、全罗南道和光州广域市；岭南地区则以洛东江为中心，大体包括庆尚北道、庆尚南道、大邱广域市和蔚山广域市等。

　　针对汉江流域、中西部地区原三国时代遗址的分期编年，朴淳发先生在《汉城百济考古学的研究现状检讨》[1]有过讨论。文章根据遗迹中出土陶器的形制

1　朴淳发：《汉城百济考古学的研究现状检讨》，《考古学》3-1，首尔京畿考古学会，2004 年。

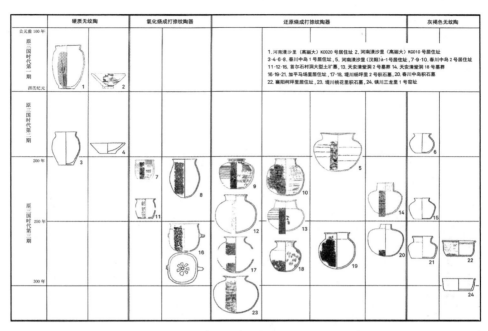

图 3-1　汉江流域及中西部地区陶器编年序列

（引自朴淳发：《汉城百济考古学的研究现状检讨》，《考古学》3-1，首尔京畿考古学会，2004年）

变化，将该地区原三国时代文化分为三期：第一期（BC100—AD1），为硬质无纹陶器期；第二期（AD150—AD200），硬质无纹陶器和打捺纹陶器共存；第三期（AD200—AD250），硬质无纹陶器消失，打捺纹陶器和灰褐色无纹陶器共存。其中中西部地区还缺乏公元前一世纪—公元二世纪前半期的资料（如图3-1）。

　　针对湖南地区的编年，朴淳发先生在《从土器相看湖南地区原三国时代编年》[1]一文中，依据对陶器的类型学分析，将湖南地区原三国时代的划分为五期：第一期（BC100—BC50），三角形黏土带陶器单纯期；第二期（BC50—AD50），流行硬质无纹陶器、外翻口沿深钵及平底甑；第三期（AD50—AD200），流行硬质无纹陶器，外翻口沿深钵、圜底甑、长颈壶、绳纹打捺短颈壶；第四期（AD200—AD250），格子打捺纹长卵形陶器，格子打捺深钵形陶器，无纹平底甑、平行打捺短颈壶、两耳附壶和带颈壶等；第五期（AD250—AD350），硬质打捺尖底长卵形陶器、大甑孔牛角形把手平底甑、

1　朴淳发：《从土器相看湖南地区原三国时代编年》，《湖南考古学报》第21辑，2005年。

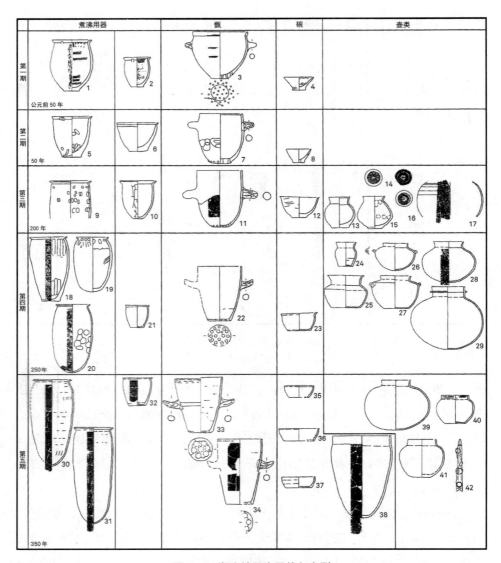

图 3-2　湖南地区陶器编年序列

（引自朴淳发：《从土器相看湖南地区原三国时代编年》，《湖南考古学报》21，2005 年。）

硬质打捺大甑孔平底甑、直口短颈壶等（见图 3-2）。

　　在对朝鲜半岛中南部地区原三国时代的陶器进行分期研究时，大多数学者均将乐浪陶器的传入作为分期的基点，认为朝鲜半岛的陶器发展是在以乐浪为代表的瓦质陶器传入后才开始的。因此有学者针对此类分期前提存在的问题，提出了不同意见。金壮锡先生在《中部地区格子纹陶器和 U 字型陶器的登场》[1] 一文中指出，目前中部地区原三国时代的编年体系认为该地区大部分遗迹中出土的格子纹陶器是公元二世纪后半期以后出现的，其断代的依据之一是岭南地区的原三国时代瓦质陶器，但是事实上对于后者出现的绝对年代目前还存在着争议。原有对岭南地区瓦质陶器出现的绝对年代的认识，是建立在瓦质陶器制作技术是从乐浪传入的前提之上的。因此，中部地区和岭南地区原三国时代的绝对编年中都存在一个共同点，即这些地区中国式物质文化及新物质文化的出现，都是建立在以乐浪影响"一元论"和文献记载的基础上的。文章进而将乌耳岛、乌山阙洞等地出土的 U 型陶器与中国山东半岛莱州湾出土的 U 型陶器进行对比，认为，U 型陶器在韩半岛出现的时间是公元前一世纪，土圹墓最晚在公元前后也已经在韩半岛出现了，因此或许可以将中部地区格子纹打捺纹陶器和竖穴土圹墓的年代往前调整到公元前一世纪早期。这一观点对以往原三国时代的编年体系提出了很大挑战。金壮锡先生同时认为，以往将朝鲜半岛中部的文化发展都以乐浪为前提也值得商榷，从 U 型陶器来看，汉文化可能是从山东半岛直接对朝鲜半岛中部施加影响。目前这一观点也引起了中国学者的关注 [2]。

　　另外，对湖西和湖南地区原三国时代的编年，金壮锡先生在《湖西和西北岭南地区初期铁器时代——原三国时代编年的相关问题》[3] 一文中，通过湖西和西部湖南地区松菊里文化和打捺纹陶器的研究，对这一地区的初期铁器时代—原三国时代的编年提出了不同意见。文章认为松菊里文化和打捺纹陶器出现之间存在空白，从分析空白期的起因入手，对已有的编年进行了调整，将松菊里文化结束的年代下限推迟，进而通过墓葬中遗物共存情况，将打捺纹陶器在这一地区出现的上限年代提前至公元前二世纪后半期。

　　针对金壮锡先生的文章，李东熙（音）先生亦提出了不同的意见。李东熙先生在《"湖西和西部湖南地区初期铁器——原三国时代编年"商榷》[4] 文

1　金壮锡：《中地区格子纹打捺陶器和 U 字型陶器的登场》，《韩国考古学报》第 90 辑，2014 年 3 月。
2　李水城、艾婉乔：《先秦时期莱州湾与朝鲜半岛文化交流的新线索》，《中国文物报》2016年 7 月 15 日第 6 版。
3　金壮锡：《湖西和西部湖南地区初期铁器时代——原三国时代的编年问题》，《湖南考古学报》2009 年第 3 期。
4　이동희：《"湖西和西部湖南地区初期铁器——原三国时代编年"商榷》，《湖南考古学报》第 35 辑，2010 年。

中认为松菊里文化的年代下限为公元前一世纪，打捺纹陶器和硬质无纹陶器在湖西和西部湖南地区出现的时间为公元前后。公元前二世纪之前，打捺纹陶器还没有在湖西和湖南地区出现。

崔盛洛先生在《湖南地区初期铁器时代和原三国时代的研究现状和展望》[1]一文中对湖南地区原三国时代编年研究进行了宏观概括。文章总结了过去20年间对湖南地区初期铁器时代和原三国时代，在分期、编年和两个时代之间的断层问题等方面的研究情况。作者认为目前对于湖南地区这两个时期的研究尚缺乏系统性，还需要更多的经过科学发掘的证据。同时提出需要通过科学手段为这两个时期的编年研究提供更多客观数据。考古遗址的保护也是发掘中不容忽视的问题。

从目前的研究情况来看，基于陶器类型研究的原三国时代编年因各地存在一定差异，在韩国考古学界尚未达成共识。其主要的争论点在于编年的初始，是以各种陶器为依据，且缺乏明确的地层依据，使得争论的焦点逐渐集中在陶器的形制数据。虽然使得陶器研究越来越精细化、数据化，但对于确定编年问题，尚缺乏有效的确凿证据。

第三节　朝鲜半岛南部原三国时代的对外交流

汉郡县设置以后，朝鲜半岛南部地区一方面通过乐浪郡输入了大量中国的先进物品，同时，也积极开展了对汉朝的直接交流。在远距离的交易过程中，建立了与外界的密切联系，出现了各种盟主国，并最终形成小国联盟[2]。在原三国时代，半岛南部以朝鲜半岛西北地区的乐浪郡为媒介，出现了大量的外来物品，技术集团的移民也为三韩地区带来了新的生产技术。下文就朝鲜半岛南部原三国时代几处重点遗址进行简单介绍，再就遗址中出土的器物，按照类别进行分析和比较[3]。

1　崔盛洛：《湖南地区初期铁器时代和原三国时代的研究现况和展望》,《湖南考古学报》第45辑，2013年。

2　李钟旭：《韩国初期国家的形成、发展阶段》，《韩国史研究》第67辑，1989年。

3　2011年，韩国文化财调查研究机关协会编撰出版了内部资料《韩国出土外来遗物：初期铁器时代—三国时代》。书中将朝鲜半岛南部发现的汉式器物进行了集中整理。本书在写作过程中将此书所列出的遗址与原报告进行逐一核对，但为制图方便，本节所引用的器物图片及比例尺皆转引自此书。特此说明。

一、典型遗址

1. 京畿道加平马场里遗址 [1]

该遗址发现于二十世纪五十年代。遗址中发现了一座长 6.4 米、宽 5 米的房址，其中有直径为 1.2 米的圆形炉址。炉址内炉基和四周卵石均有高温烧烤痕迹，炉址旁出土了 1 件经高温烧烤而出现釉质的陶质鼓风管残片、铁渣与铁器残片 2 件。从出土铁渣及遗迹的状况分析，此遗迹可能是用于锻造铁器的熔铁炉，该房址或为熔铁锻冶作坊。房址内还出有陶器、石斧、石刀、石镞、石纺轮等遗物。从出土遗物来看，该遗址的年代约公元前二世纪—公元前后。

2. 全罗北道完州葛洞遗址 [2]

完州葛洞遗址属于韩国全罗北道完州市伊西面盘桥里，位于山地和平原的交界地带。该遗址分别在 2003 年和 2006—2007 年进行过两次调查发掘工作，发现了大量遗迹遗物。

完州葛洞遗址先后共发掘初期铁器时代墓葬 17 座，随葬品包括陶器、铜器、铁器等。陶器主要有灰陶长颈壶、黏土带陶器、灰陶器，铜器主要包括细型铜剑、铜镞、细纹镜铜矛等，铁器主要有铁斧、铁镰、铁削刀，另外还有少量玻璃器。

报告编写者将遗址主体年代定在公元前二世纪初—公元前一世纪末，但有学者通过遗址中出土的铜镞与乐浪地区发现的铜镞进行形制对比后认为，葛洞遗址部分墓葬的年代上限可到公元前三世纪 [3]。

3. 全罗北道长水南阳里遗址 [4]

全罗北道长水南阳里位于锦江最下游地区，发现的墓葬包括土圹石椁墓和土圹木棺墓。遗物包括细纹镜、细型铜剑、剑把头饰、铜矛、铜凿、黏土带陶器、黑陶长颈壶、石镞、磨刀石等，另外还出土了铁斧、铁镢、铁凿、琉璃玉珠等。铁斧均为铸造品，横截面呈长方形；铁凿也为铸造品。2 号墓葬中出土了 4 件管状饰，大小不一，为铅钡玻璃。遗址的年代为公元前二世

1　金元龙：《加平马场里冶铁住居址》，《历史学报》第 50、51 辑，1971 年。
2　湖南文化财研究院：《完州葛洞遗址》，2005 年；湖南文化财研究院：《完州葛洞遗址Ⅱ》，2009 年。
3　金想民：《韩半岛南部地区铁器文化的流入及展开过程》，《考古学志》第 19 期，2013 年，第 49—86 页。
4　池健吉：《长水南阳出土青铜器、铁器一括遗物》，《考古学志》第 2 辑，1990 年；尹德香：《南阳里发掘调查报告书》，全北大学校博物馆，2000 年。

纪末—公元一世纪前半期。

4. 庆尚南道昌原茶户里遗址[1]

茶户里遗址位于庆尚南道昌原市，1988 年至 1992 年先后经历了 7 次发掘。发现了原三国时代初期墓葬 70 余座，均为土坑竖穴木棺墓。根据其规模，可分成甲乙丙三类。甲类墓以 1 号墓为代表。墓圹长 2.8 米、宽 1 米、深 1.7 米。墓底为长 0.8 米、宽 0.6 米、深 0.2 米的腰坑。腰坑内放置一个用竹篾编制而成、用于盛放随葬品的竹筐。土圹内置一木棺，系用圆木将中间掏空而成。棺长 2.04 米、宽 0.85 米、直径 0.65 米。乙类墓的规模略小于甲类，丙类墓则更小。茶户里墓葬中出土的随葬品有陶器、漆器、工具和兵器，其中兵器中既有铜剑、铜矛，又有铁剑、铁戈、铁矛、铁镞。在 1 号墓中出土的 3 件带木鞘金属剑中，2 件为铜剑，1 件为铁剑。农具和手工工具则均为铁器，种类有铁钁、铁斧、板状铁斧、铁镰、镢、锤等。部分墓葬随葬铜镜和五铢钱。通过对随葬品的断代分析，可知这批墓葬的年代约在公元前一世纪后半期至公元一世纪。

5. 庆尚北道庆州市朝阳洞遗址[2]

遗址位于庆尚北道庆州市朝阳洞一带，1977 年 11 月最早发现。遗址包含了自青铜时代至高丽时期的遗迹，但最具代表性的是原三国时代的墓葬，发现陶器、青铜器、大量铁器及其他玉器等。

出土的陶器主要包括袋状壶、组合式牛角形把手附壶、短颈壶、碗、把手附壶等。铁器主要包括板状铁斧、铁斧、铁矛、铁剑、铁镰、铁镢、铁凿、铁刀等。朝阳洞 5 号墓中出有三角形黏土带陶器、瓦质袋状壶、黏土瓮、组合式牛角形把手附壶、小型细纹镜、铜铎、铁戈、铜柄铁剑等。38 号墓葬出有袋状壶、组合式牛角形把手附壶、碗、短颈壶、板状铁斧、铁斧、铜柄铁剑、剑把头饰、青铜戒指、铜镜、大量串珠等。其中板状铁斧多达 10 件。铜镜共 4 件，包括 2 件日光连弧纹镜、1 件昭明连弧纹镜、1 件四乳铭文镜。另有 1 件用铜镜残片再加工的遗物。

1　李健茂等：《昌原茶户里遗址发掘进展报告》，《考古学志》第 1 辑，1989 年；李健茂等：《昌原茶户里遗址发掘进展报告》，《考古学志》第 3 辑，1991 年；李健茂等：《昌原茶户里遗址发掘进展报告》，《考古学志》第 5 辑，1993 年；李健茂等：《昌原茶户里遗址发掘进展报告》，《考古学志》第 7 辑，1995。

2　国立庆州博物馆：《庆州朝阳洞遗址Ⅰ》，2000 年；国立庆州博物馆：《庆州朝阳洞遗址Ⅱ》，2003 年。崔钟圭：《朝阳洞 4 次调查概报》，《三韩考古学研究》，书景文化社，1995 年。

　　朝阳洞遗址是目前岭南地区已经确定的有木椁墓和瓦质陶器的年代较早的遗址，从遗址出土的陶器可以看到以袋状壶、组合式牛角形把手附壶为代表的瓦质陶器前期阶段向以炉形土器和有盖台附长颈壶为代表的瓦质后期陶器阶段发展的过程。

　　朝阳洞报告将遗址的主要年代推定为公元一世纪—公元三世纪，但是其中的 38 号墓葬，从出土的铜镜来看，年代有可能在公元前一世纪或公元一世纪[1]。

　　6. 庆尚北道庆州市九政洞遗址 [2]

　　该遗址是 1951 年，在道路施工过程中发现的。该遗址发现了细型铜剑、铜铃、铜戈、铜铎、铜镞、石斧、琉璃珠等，还出土了一批铁器，包括剑、镰、斧、凿、板状铁斧、刀子、刮刀等，并共出有剑、矛、戈、铃、铎等铜器。农具和手工工具均为铁器，表明公元一世纪左右的辰韩地区，生产工具业已铁器化。该遗址中铁兵器和铜兵器共出的特点与茶户里墓地出土物所表现的特点相同。这批铁器中，锻造制品占绝大多数，其中有相当一部分应为当地的制品[3]。年代在公元一世纪左右。

　　7. 庆尚南道金海郡良洞里遗址 [4]

　　良洞里遗址位于庆尚南道金海郡，1969 年最早发现，此后 1984 年、1990—1996 年先后经历了两次正式发掘。第一次发掘发现原三国时代木棺墓 9 座，木椁墓 17 座、瓮棺葬 3 座。年代在公元二至三世纪。第二次发掘调查发现了 548 座墓葬，报告者认为其中属于原三国时代的，有木棺墓 8 座、木椁墓 78 座。出土遗物包括陶器、青铜器、铁器等。

　　陶器以形制各异的壶占绝大多数，另有三角形黏土带陶器、豆形陶器和小型瓮等。青铜器包括仿制镜、细型铜剑、剑把、剑把头饰，青铜环等。铁器包括铁矛、铁镞、铁剑、铁镰、铸造铁斧、锻造铁斧、铁刀等。

　　良洞里原三国时代后期遗迹以 162 号墓为代表，墓葬年代为公元二世纪末前后。墓内出土大量铁器，种类包括剑、矛、刀、镞、镰、板状铁斧等，

1　郑仁盛等：《岭南地区原三国时代木棺墓》，学研文化社，2012 年。
2　金元龙：《庆州九政里出土的金石并用遗物》，《历史学报》第 1 辑，1952 年。
3　王巍：《中国古代铁器及冶铁术对朝鲜半岛的传播》，《考古学报》1997 年 3 期，第 285—340 页。
4　国立文化财研究所：《金海良洞里古坟》，1989 年；东义大学校博物馆，《金海良洞里古坟文化》，2000 年；东义大学校博物馆：《金海良洞里古坟群》，2008 年。

并出土了 1 件铁釜。此外还随葬 2 件铜镜、仿制镜、项饰、铜环等。

8. 釜山市金井区老圃洞遗址 [1]

1985 年釜山博物馆和釜山大学博物馆在调查时发现了老圃洞遗址，2005 年由庆南发展研究院历史文化中心主持进行发掘，发现了木椁墓、土圹墓和木棺墓等遗迹。属于原三国时期的遗物包括豆形陶器、袋形壶、铁镞、铁矛、板状铁斧、铁凿、水晶、琉璃等。随葬的铁器中，板状铁斧上没有发现使用痕迹，因此推测是作为随葬品使用的。报告者认为，铁矛的身部和銎部相比偏长，铁矛身部断面呈椭圆形，銎孔部固定木柄的位置有两处钉孔，由此推测铁矛是在公元前制作的。

9. 忠清南道天安市清堂洞遗址 [2]

遗址位于忠清南道天安市，最初由国立博物馆调查时发现。在埋藏文化财进行首次发掘之后，又连续进行了 5 次发掘工作，发现了一批原三国时代的木棺墓、木椁墓。墓葬中出土了大量铁器，包括环首铁刀、铁矛、镞、斧、镰等。另外，墓葬中出土的外来遗物也引起了关注 [3]，种类包括青铜马形带钩、铁制曲棒形带钩、金箔琉璃玉、有色琉璃玉等。清堂洞遗址的年代为公元二至三世纪。

10. 庆尚北道庆州隍城洞遗址 [4]

庆州隍城洞遗址是在 1985 年庆州博物馆对当地木椁墓开展调查时发现的 [5]，此后进行了大量调查发掘工作。其中 1990 年发现的隍城洞遗迹，包括了聚落区域、铁器生产区域和墓地。该遗址不仅是韩国国内首次对铁器生产及相关遗迹进行的正式调查和发掘，也为铁器及铁器生产研究提供了重要资料。

隍城洞遗址没有发现采矿、制炼阶段的遗迹，仅发现了熔解、锻冶阶段的遗迹，即只有铁器生产阶段的遗迹。在冶铁遗址中，发现了生产铸造铁斧

1 庆南发展研究院历史文化中心：《老圃洞遗址》，2007 年。
2 徐五善：《天安清堂洞及安城出土一括遗物》，《考古学志》第 2 辑，1990 年；徐五善、权五荣、咸舜燮：《天安清堂洞第 2 次发掘调查报告书》，国立中央博物馆，1991 年；徐五善、咸舜燮：《天安清堂洞第 3 次发掘调查报告》，国立中央博物馆，1992 年；韩永熙、咸舜燮：《天安清堂洞第 4 次发掘调查报告》，国立中央博物馆，1993 年。
3 咸舜燮：《通过天安清堂洞遗迹看马韩的对外交流》，《马韩史研究》，忠南大学校出版部，1998 年。
4 韩国文化财保护财团，《庆州隍城洞遗迹Ⅰ》，2003 年；岭南文化财研究院，《庆州城隍洞 575 番地古坟群》，2010 年。
5 李健茂：《庆州隍城洞遗迹发掘调查报告》，《国立博物馆古迹调查报告》第 17 册，1985 年。

的熔解炉相关遗迹，在居住址内部也发现了锻冶遗迹。隍城洞遗迹的熔解炉遗迹周围发现的遗物包括铸造铁斧的模具、炉壁、铁渣等。在锻冶工程区域的聚落址中，发现了锻冶时使用的铁块、球状铁块等。孙明助先生将隍城洞遗址分为2期。隍城洞1期，包括居住址和木椁墓区域，年代在公元二世纪前半期—中半期。隍城洞2期，包括出土熔解炉的铁器生地区和木椁墓分布区。年代为公元二世纪后半期—公元三世纪[1]。

限于篇幅，上文主要介绍了朝鲜半岛南部公元前一世纪—公元三世纪的几处典型遗址。从年代序列上，各遗址基本涵盖了原三国时代由早至晚的整个阶段，在地域分布上也遍布南部各地区。由此可对朝鲜半岛南部公元前一世纪—公元三世纪的考古学文化面貌有一个大概的了解。

在上述遗址中，茶户里是目前朝鲜半岛已知年代最早的原三国时代遗址。从该遗址出土的铁器、漆器、铜钱、铜镜等随葬品种类，可明显看到汉文化的影响。茶户里遗址所在的昌原，位于当时辰韩分布区内，说明在公元前一世纪后半期，汉文化已经对朝鲜半岛东南部的辰韩地区产生了强烈的影响。从墓葬中出土的铁矿石来看，或许这一时期半岛南部地区的人们已经对冶炼技术有所了解。在年代较茶户里遗址为晚的庆州朝阳洞遗址中，5号墓和38号墓出有铜柄铁剑，铜和铁的共同使用，可见在兵器的生产上，铜有逐渐被铁取代的趋势。在年代更为晚近的釜山老圃洞遗址，出土了大量铁器，基本不见青铜器，铁器已经完全取代了青铜器。到了原三国时代晚期的庆州城隍洞遗址中，铁器生产的专门组织形成，并呈现出阶层化、分工化和专门化的趋势。

已有研究结果表明，朝鲜半岛铁器的出现应是战国晚期燕国铁器文化由北向南波及的结果，来自中国的铁器文化对朝鲜半岛的传播，早在战国晚期已经开始。从全罗北道完州葛洞遗址发现的铁镰来看，燕系铁器在乐浪郡建立之前已经进到朝鲜半岛地区。在乐浪郡设置之后，随着冶铁技术进入半岛南部地区，直接加剧了当地铁器制造业的发展。

从岭南地区的铁器文化发展来看，具有本土铁器制造特点的铸造铁器，出现于公元前一世纪后半期。例如茶户里1号、八达洞、林堂洞等典型遗址。大概在公元二世纪前后，岭南地区各地的文化中出现了铸造铁器。直至公元

1　孙明助：《庆州隍城洞冶铁遗址的性格》，《新罗文化》第14辑，1997年。

二世纪中期，以岭南的庆州、金海等地区为中心，铁器不仅在形态上发生了变化，还出现了新品种和新材料，甚至出现了铁器生产的专门组织，表明铁器迎来了跨越式的发展。

据《三国志·魏志·东夷传》记载："桓灵之末，韩濊强盛，郡县不能制，民多流入韩国"。桓灵之际，正值公元二世纪后半期，这一时期，朝鲜半岛南部地区遗址中随葬铁器尤其是兵器的数量显著增加，可能与乐浪居民南下流入"韩国"有关。伴随着以铸造铁器为特征的新技术浪潮对岭南地区的影响，极大推动了当地铁器生产技术及生产力的发展。另外，冶铁工业的发展，除了新技术影响之外，庆州地区富含铁矿也为其制作工业的发展提供了最基本的物质保障。

二、汉式器物

1. 铁器

朝鲜半岛南部发现的汉式铁器，在种类上包括：铁斧、铁镰、环首小刀、铁釜、铁镦等。下文将按照类别依次介绍。

铁斧

朝鲜半岛南部发现的铁斧，可以分为锻造铁斧和铸造铁斧。一般认为，铸造铁斧是战国时期铁器文化传入朝鲜半岛南部的主要器物[1]。因此下文以铸造铁斧为主要讨论对象。

目前在朝鲜半岛南部发现铸造铁斧共计 25 件。主要分布于京畿道加平大成里居住址，另外在江原道铁原、东海松亭洞等遗址也有少量发现（图 3–3）。

加平大成里原 10 号居住址[2]：1 件。平面呈梯形。斧身一侧可见明显的合范铸造时留下的突脊线。刃部两侧略内卷，剖面呈 U 字形。斧孔的横截面呈细长方形。器身长 10.2 厘米，孔径长 7 厘米，刃部宽 9 厘米，重 340 克（图 3–3，4）。

加平大成里原 14 号居住址：1 件。仅残存器身和孔部的一小部分。器身侧面留有合范铸造时留下的突脊线。从残存情况推测斧身平面略呈梯形。残存长 6.1 厘米，宽 8.4 厘米，厚 2.1 厘米，重 77 克（图 3–3，14）。

1　金想民：《韩半岛铸造铁斧的发展状况考察》，《湖西考古学》第 20 辑，2009 年，第 56—85 页。
2　京畿文化财研究院：《加平大成里遗迹》，2009 年。下文加平大成里的材料，若无特殊说明，均引自此书。

加平大成里原 16 号居住址：3 件残片。第一件残存长 6.7 厘米，宽 4.8 厘米，厚 0.3 厘米，重 35 克。第二件推测为利用铸造铁斧的残片锻打再加工而成。残存长 4.9 厘米，宽 4.3 厘米，厚 0.45 厘米，重 26 克。另一件也仅存条带状突起的部位。残存长 2 厘米，宽 3.5 厘米，厚 0.5 厘米，重 18 克（图 3–3，18）。

加平大成里原 18 号居住址：1 件，残片。突起条带状残损严重，无法辨识其边界。从残存情况来看，推测可能是为了将残存的铁斧作为原材料用于其他铁器的制造上，进行了加工。残存长 3.3 厘米，宽 3.7 厘米，厚 0.4 厘米，重 24 克（图 3–3，6）。

加平大成里原 20 号居住址：1 件。銎孔部横截面略呈六角形。銎孔下有两条突起线。斧身侧面有明显合范铸造痕迹。斧刃部呈弧形。长 10.8 厘米，宽 10.1 厘米，銎孔部外径 7.3 厘米 ×2.5 厘米，厚 1.2 厘米，重 470 克（图 3–3，1）。

加平大成里原 21 号居住址：1 件，残片。仅存銎孔部位，可能再加工用作制作其他铁器。残存长 3.4 厘米，宽 3. 厘米，厚 0.4 厘米，重 14 克（图 3–3，15）。

加平大成里原 25 号居住址：2 件，残片。两件均仅存銎孔部。一件条带不清晰。残存长 4.8 厘米，宽 4.3 厘米，厚 0.3 厘米，重 18 克。另一件条带突起清晰。推测可能用作制作其他铁器的原材料。长 3.5 厘米，宽 4.7 厘米，厚 0.4 厘米，重 24.3 克（图 3–3，17）。

加平大成里原 26 号居住址：1 件，残片。仅存銎孔部。残存部位能看到两条突起线。推测可能是用作制作其他铁器的原材料。残存长 3.7 厘米，宽 3.6 厘米，厚 0.6 厘米，重 26 克（图 3–3，16）。

加平大成里原 15 号竖穴（灰坑）：1 件，残片。仅存銎孔部位。斧身侧面可见合范铸造痕迹。銎孔横截面呈长方形。残存长 4.7 厘米，宽 4.1 厘米，重 54 克（图 3–3，19）。

加平大成里 10 号居住址：3 件。两件为完整器。銎孔部横截面为六角形。斧身表面附着有格子状编织的草绳痕迹。其中一件，长 10.1 厘米，宽 9.5 厘米，厚 3.5 厘米，重 435.7 克。第二件，器身侧面可见合范铸造痕迹。长 10.5 厘米，宽 11 厘米，厚 3.4 厘米，重 389.8 克。第三件，仅存銎孔部分，銎孔口部下的两条条带突起仍然十分明显。銎孔部断面略呈六角形。残存长 3.4 厘米，宽 8.1 厘米，厚 0.5 厘米，重 65.6 克（图 3–3，2）。

铁原瓦水里 26 号居住址[1]：1 件。仅存銎孔部分。斧身残存长 6 厘米，宽 8 厘米，厚 0.4 厘米。（图 3–3，5）

江陵桥项里 A-8 号居住址[2]：1 件。斧身平面形态略呈梯形（图 3–3，8）。

东海松亭洞 1-7 号居住址[3]：1 件。銎孔部横断面略呈六角形。斧身侧面留有合范铸造留下的突起的脊线。长 11.5 厘米，刃部宽 9.2 厘米，銎孔部长 8 厘米，宽 2.6 厘米（图 3–3，3）。

咸安末山里 3 号木棺墓[4]：1 件，斧身两侧有合范铸造留下的痕迹。銎孔下有两条突起。銎孔横截面呈六角形。斧身平面略呈扇形。长 11.2 厘米，刃部宽 9.4 厘米，銎孔部长 8 厘米，銎孔部厚 2.7 厘米（图 3–3，13）。

泗川勒岛 A 地区贝冢[5]：1 件。残，仅剩銎孔和斧身部分。銎孔部横截面呈细长方形。銎孔下有两条突起线（图 3–3，10）。

庆山林堂洞 II-34 号木棺墓[6]：1 件。斧身呈长方形。銎孔横截面呈长方形。銎孔下有两条突起线。长 14.3 厘米，宽 7.7 厘米，重 416 克（图 3–3，11）。

济州岛龙潭洞[7]：2 件。銎孔横截面略呈六角形。銎孔下有两条突起线。刃部呈扇形。有一件銎孔部略有破损。两件铁斧长 11.7 厘米，刃部分别宽 10.2 厘米、9.2 厘米（图 3–3，9）。

陕川苧浦里 A 古坟群 40 号木椁墓[8]：1 件。銎孔下有两条突起线。刃部呈扇形。斧身两侧有合范铸造留下的痕迹。长 10.8 厘米，刃部宽 10.1 厘米，銎孔长 8 厘米，銎孔宽 3.4 厘米（图 3–3，7）。

完州葛洞 3 号土圹墓[9]：1 件。斧身平面略呈长方形。銎孔部横截面略呈长方形。长 10.1 厘米，宽 5.1 厘米，重 204 克（图 3–3，12）。

1　江原文化财研究所：《铁原瓦水里遗迹》，2006 年。
2　江陵大学校博物馆：《江陵桥项里居住址》，1998 年。
3　濊貊文化财研究院：《东海松亭洞遗址Ⅲ》，2010 年。
4　庆南考古学研究所，咸安郡：《道项里·末山里遗迹》，2000 年。
5　庆南考古学研究所：《勒岛贝冢Ⅳ–A 地区贝冢》，2006 年。
6　岭南文化财研究院、韩国土地公社：《庆山林堂洞遗址Ⅰ》，"学术调查报告"第 18 册，1999 年。
7　济州大学校博物馆：《龙潭洞古坟》，"遗址调查报告"第 5 辑，1989 年。
8　郑永和、梁道荣、金龙星：《陕川苧浦古坟 A 发掘调查报告》，岭南大学校博物馆，1987 年。
9　湖南文化财研究院：《完州葛洞遗址》，2005 年；湖南文化财研究院：《完州葛洞遗址Ⅱ》，2009 年。

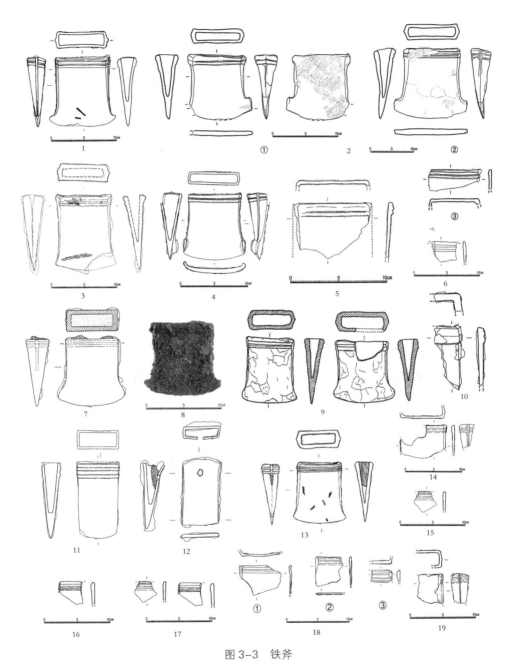

图 3-3　铁斧

[1. 加平大成里原 20 号居住址；2. 加平大成里 10 号居住址；3. 东海松亭洞 1-7 号居住址；
4. 加平大成里原 10 号居住址；5. 铁原瓦水里 26 号居住址；6. 加平大成里原 18 号居住址；7. 陕
川苧浦里 A 古坟群 40 号木椁墓；8. 江陵桥项里 A-8 号居住址；9. 济州岛龙潭洞；10. 泗川勒
岛 A 地区贝冢；11. 庆山林堂洞 II -34 号木棺墓；12. 完州葛洞 3 号土圹墓；13. 咸安末山里 3
号木棺墓；14. 加平大成里原 14 号居住址；15. 加平大成里原 21 号居住址；16. 加平大成里原
26 号居住址；17. 加平大成里原 25 号居住址；18. 加平大成里原 16 号居住址（3 件残片）；
19. 加平大成里原 15 号竖穴]

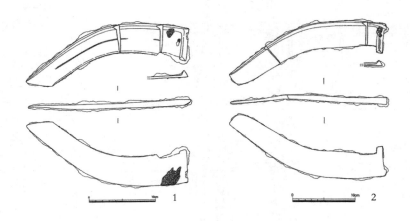

图 3-4　铁镰

（1. 完州葛洞 2 号土圹墓；2. 完州葛洞 3 号土圹墓）

铁镰

2 件。

完州葛洞 2 号土圹墓[1]：1 件。镰刀刃的背部有一侧起脊。横截面呈 "7" 字形。柄部残断。长 24.6 厘米，刃部宽 4.4 厘米，重 210 克（图 3-4，1）。

完州葛洞 3 号土圹墓[2]：1 件。镰刀刃的背部有一侧起脊。横截面呈 "7" 字形。柄部残断。长 24.2 厘米，刃部宽 4 厘米，重 165 克（图 3-4，2）。

环首小刀

9 件。

加平达田里 2 号土坑墓[3]：1 件。刀柄部为环首。刀刃部横截面呈三角形。表面锈蚀严重（图 3-5，8）。

春川新梅里 47-1 番地 1 号居住址[4]：1 件。刀背部分略厚。刀刃部分较薄。刀刃部分横截面呈三角形。通体长 18.7 厘米，环首直径 2.5 厘米，刀柄部宽 1

1　湖南文化财研究院、益山地方国土管理厅：《完州葛洞遗址》，《学术调查报告》第 46 册，2005 年。

2　湖南文化财研究院、益山地方国土管理厅：《完州葛洞遗址》，《学术调查报告》第 46 册，2005 年。

3　朴成熙（音）：《京春线 加平历史用地（达田里）发掘调查》，《高句丽考古学诸问题——韩国考古学全国大会论文概要集》，2003 年。

4　江原文化财研究所：《新梅里 10-47-1 番地遗址》，2007 年。

厘米，刃部宽 1.2 厘米（图 3–5，3）。

　　春川新梅里 54–4 番地 1 号居住址[1]：1 件。刃部大部分残缺。仅存柄部和环首。柄部略呈弧形与环首相接。环首的横断面略呈八角形。柄部横截面呈倒梯形。刃部横截面呈三角形。残存长 11 厘米，环首部分直径 3.1 厘米，环首厚 0.6 厘米，柄部长 7.9 厘米，刃部宽 0.95 厘米，柄部厚 0.35 厘米，刃部宽 1.2 厘米，刃部厚 0.28 厘米（图 3–5，9）。

　　春川新梅里 54–4 番地 4 号居住址[2]：1 件。因锈蚀严重，柄部和刃部的区分不甚明显。从残存情况来看，柄部横截面呈梯形。刃部横截面呈三角形。残存长 14.3 厘米，环首直径 3.3 厘米，环首部分厚 0.65 厘米，刃部宽 0.15 厘米，柄部厚 0.3 厘米，刃部宽 0.12 厘米，刃部厚 0.25 厘米（图 3–5，6）。

　　春川泉田里 121–16–6 号居住址[3]：1 件。保存较完整。通体长 201. 厘米，刀刃部长 9.7 厘米，宽 1.5 厘米，厚 0.2 厘米，柄部长 7.6 厘米，宽 1.2 厘米，厚 0.3 厘米，环首部分直径 2.8 厘米，厚 0.55 厘米（图 3–5，1）。

　　春川牛头洞职业训练院铁器时代 8 号居住址[4]：1 件。刀尖部分残损。刃部的横截面呈三角形。柄部横截面为梯形。环首的横截面略呈八角形。残存长 13.55 厘米，柄部长 5.7 厘米，环首部分直径 2.75 厘米，刃部宽 1.2 厘米，柄部宽 0.9 厘米，环首宽 0.4 厘米，刃部厚 0.15 厘米，柄部厚 0.3 厘米，环首部分厚 0.42 厘米（图 3–5，2）。

　　春川牛头洞乐天牛头公园 3 号居住址[5]：1 件。刀尖部分残损。刃部的横截面呈三角形。柄部横截面呈梯形。环首的横截面为接近圆形的八角形。残存长 18.05 厘米，柄部长 7.95 厘米，环首直径 3.15 厘米，刃部宽 1.35 厘米，柄部宽 1.15 厘米，刃部厚 0.4 厘米，柄部厚 0.45，环首厚 0.55 厘米（图 3–5，4）。

　　东海松亭洞 I–7 号居住址[6]：1 件。刃部中间有一部分残损。柄部横截面呈正方形。刃部横截面呈三角形。环首横截面呈圆形。复原长度为 21.7 厘米，

1　江原文化财研究所：《新梅里 54–4 番地遗址》，2005 年。
2　江原文化财研究所：《新梅里 54–4 番地遗址》，2005 年。
3　翰林大学校博物馆：《春川泉田里 121–16 番地遗址》，2008 年。
4　江原文化财研究所：《春川牛头洞遗址》，2011 年。
5　江原文化财研究所：《春川牛头洞乐天牛头公园新建用地内发掘调查报告书》，2007 年。
6　濊貊文化财研究院：《东海松亭洞遗址Ⅲ》，2010 年。

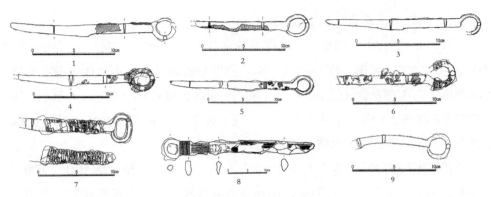

图 3-5　环首小刀

（1. 春川泉田里 121-16-6 号居住址；2. 春川牛头洞；3. 春川新梅里 47-1-1 号居住址；4. 春川牛头洞牛头公园；5. 东海松亭洞 I -7；6. 春川新梅里 54-4-4 号居住址；7. 东海松亭洞 II -5；8. 加平达田里；9. 春川新梅里 54-4-1 号居住址）

柄部长 5.6 厘米，环首直径 3 厘米（图 3-5，5）。

东海松亭洞 II -5 号居住址[1]：1 件。刀的刃部已经残损不见。柄部仍保留有缠绕的草绳。残存长 14 厘米，柄部长 8.5 厘米，环首部分长 2.5 厘米，宽 4 厘米，厚 0.6 厘米（图 3-5，7）。

铁釜

3 件。

加平大成里原 12 号居住址：1 件。仅存口沿部分。敛口，方唇。残存器高 7.3 厘米，复原口径为 17.4 厘米。伴出一件陶甑，推测与铁釜配套使用。铁釜形制与河南偃师百草坡东汉帝陵陵园 H47 出土的铁釜类似[2]。（图 3-6，1）

加平大成里原 42 号竖穴（灰坑）：1 件。仅存口沿部分。直领，方唇。口沿和器身衔接的部位可见接合痕迹。残存器高 8.3 厘米，复原口径 18.6 厘米，重 1326 克（图 3-6，2）。

金海良洞里墓群 318 号木椁墓[3]：1 件。矮领，方唇。器高 32.4 厘米，口径 25.1 厘米。器身最大腹径处有合范铸造留下的一周突起（图 3-6，3）。

1　濊貊文化财研究院：《东海松亭洞遗址Ⅲ》，2010 年。

2　洛阳市第二文物工作队，偃师市文物管理委员会：《偃师百草坡东汉帝陵陵园遗址》，《文物》2007 年第 10 期，第 69 页。

3　东义大学博物馆：《金海良洞里古坟文化》，《学术丛书》7，2000 年。

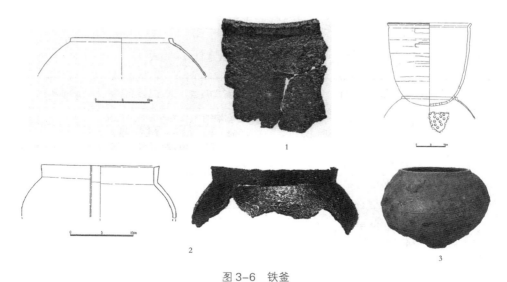

图 3-6　铁釜
［1. 加平大成里原 12 号居住址；2. 加平大成里原 42 号竖穴（灰坑）；3. 金海良洞里墓群 318 号木椁墓］

铁镬

2 件。

庆州舍罗里 130 号木椁墓：1 件。口沿外翻。口沿下有两根绳子环绕器身。器底中央不平整，有外凸的隆起，可能是合范铸造生产的。口径 26.5 厘米，腹深 39.4 厘米，腹部最大径 26 厘米。（图 3-7，1）。

金海良洞里古墓群 162 号木椁墓：1 件。器表留有合范铸造时留下的突起线。器底中央不平整，有外凸的隆起，推测为铸造口。高 32.8 厘米（图 3-7，2）。

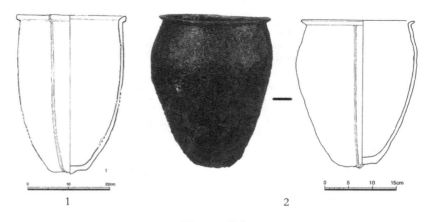

图 3-7　铁镬
（1. 庆州舍罗里 130 号木椁墓；2. 金海良洞里古墓群 162 号木椁墓）

目前朝鲜半岛南部发现的汉式铁器详见下表（表1）。

表 3-1　朝鲜半岛南部出土汉式铁器一览表

所属地区	遗址名称	汉式铁器	共存乐浪式陶器	共存其他遗物	遗址年代
京畿道	加平达田里2号土坑墓	铁戟（1）、环首小刀（1）	花盆形陶器（1）、短颈壶（1）	双鸟头形剑把头饰(1)(铜？铁？)	公元前一世纪
	加平大成里原10号居住址	铁斧（1）	短颈壶（2）	铜泡（1）、铜管（3）、铜钏（1）	公元二世纪后叶前半期
	加平大成里原12号居住址	铁釜（1）	甑（1）		公元二世纪中叶
	加平大成里原14号居住址	铁斧片（1）	短颈壶口沿部陶片（4）、器身陶片（2）、甑（2）		公元二世纪后叶前半期
	加平大成里原16号居住址	铁斧碎片（3）	短颈壶口沿陶片（1）		公元二世纪后叶前半期
	加平大成里原18号居住址	铁壶口沿部碎片（1）、铁斧碎片（1）			公元前二世纪前半期
	加平大成里原20号居住址	铁斧片（1）			公元二世纪后叶前半期
	加平大成里原21号居住址	铁斧片（1）	短颈壶口沿部陶片（1）、长颈壶口沿部陶片（1）、白陶瓮（1）		公元二世纪中叶
	加平大成里原25号居住址	铁斧片（1）	平底短颈壶（1）、碗（1）、白陶瓮（1）		公元二世纪后叶前半期
	加平大成里原26号居住址	铁斧片（1）			公元二世纪中叶
	加平大成里原40号居住址	铁甲片（2）			公元前二世纪后叶
	加平大成里原15号竖穴	铁斧片（1）			
	加平大成里原42号竖穴	铁釜（1）			
	加平大成里原44号竖穴	铁甲片（3）	花盆形陶器(1)、短颈壶口沿部陶片（1）	铁茎铜镞（1）	公元前二世纪后叶
	加平大成里原46号竖穴	铁甲片（1）			公元前二世纪后叶
	加平大成里原49号竖穴	铁甲片（1）	花盆形陶器（7）、筒形陶器底部（1）		公元前二世纪后叶
	加平大成里10号居住址	铁斧（3）	短颈壶、口沿部陶器（2）		公元二世纪后叶前半期

续表

所属地区	遗址名称	汉式铁器	共存乐浪式陶器	共存其他遗物	遗址年代
首尔	仁川云北洞 5–1 地点 1 号竖穴	甲片	花盆形陶器、盆形陶器、瓮形陶器、甑、瓦	铁茎铜镞（12）	
江原道	铁原瓦水里 26 号居住址	铁斧（1）		铁茎铜镞（1）	
	春川新梅里 47–1 番地 1 号居住址	环首小刀（1）			公元一世纪后半期
	春川新梅里 54–4 番地 1 号居住址	环首小刀（1）			公元一世纪后半期
	春川新梅里 54–4 番地 4 号居住址	环首小刀（1）			公元一世纪后半期
	春川泉田里 121–16 番地 6 号居住址	环首小刀（1）			公元一世纪后叶
	春川牛头洞职业训练院地基铁器时代 8 号居住址	环首小刀（1）			公元二世纪末—公元三世纪初
	春川牛头洞乐天牛头公园 3 号居住址	环首小刀（1）			公元二世纪中叶
	江陵桥项里 A–8 号居住址	铁斧（1）			
	东海松亭洞 I –7 号居住址	铁斧（1）、环首小刀（1）	短颈壶（1）		
	东海松亭洞 II –5 号居住址	环首小刀			
全罗地区	完州葛洞 2 号土圹墓	铁镰（1）		环形琉璃（2）	公元前三世纪—公元前一世纪
	完州葛洞 3 号土圹墓	铁镰（1）、铁斧（1）		青铜镞（3）	公元前三世纪—公元前一世纪
济州地区	济州龙潭洞	铁斧（2）			公元二世纪—公元三世纪
庆州地区	庆山林堂洞 II –34 号木棺墓	铁斧（1）			公元前二世纪—公元一前一世纪
	庆州舍罗里 130 号木棺墓	铁镆（1）			公元一世纪—公元二世纪
	陕川苧浦里 A 古坟群 40 号木椁墓	铁斧（1）			公元三世纪
	咸安末山里 3 号木棺墓	铁斧（1）			公元二世纪—公元三世纪
	泗川勒岛 A 地区贝冢	铁斧（1）		镶嵌管玉（1）	公元前二世纪—公元二世纪
	金海良洞里古坟群 162 号木椁墓	铁镆（1）		汉式铜镜镜（2）	公元二世纪
	金海良洞里古坟群 318 号木椁墓	铁釜（1）			公元二世纪—公元三世纪

注：表格中器物名称后括号中的数字表示数量，下同。

从朝鲜半岛南部发现汉式铁器的遗址年代来看，主要集中在两个时段，一是公元前三世纪—公元前二世纪，二是公元二世纪以后。

根据铁斧的平面形状，可分为细长方形和扇形两种。细长方形铁斧主要流行于公元前二世纪以前。扇形铁斧多在銎孔下铸有多道突起线，流行年代主要在公元二世纪以后，且主要集中于朝鲜半岛中部地区的京畿道地区和朝鲜半岛东南部的庆州地区。

铁斧在公元前三世纪前后仅见于朝鲜半岛西南部的全罗北道完州葛洞、新丰等遗址[1]。斧身平面形态略呈长方形，銎部横截面呈长方形。如新丰遗址甲 –36 号（图 3–8，1）、新丰遗址甲 –56 号墓（图 3–8，2）所出。在新丰遗址，同一座墓中随葬两件铁斧的情况较常见，有些墓壁上还留有铁斧开挖墓圹时留下的痕迹。部分铁斧出于墓葬填土之中，可能是在开挖墓圹后，放入填土中随葬的。葛洞与新丰两处遗址出土的铁斧从形制上看与易县燕下都 22 号遗址[2]（图 3–8，5）、抚顺莲花堡遗址[3]的铁斧近似（图 3–8，6）。同类型的铁器在朝鲜半岛西北部地区也有发现，如渭源龙渊洞[4]（图 3–8，3）、平安北道细竹里[5]（图 3–8，4）。但细竹里的铜斧銎孔口沿下方有条状突起带，形制类似的铁斧在朝鲜半岛同时期遗址中十分少见。这种有突起带的铁斧在朝鲜半岛南部的大量出现要到公元二世纪以后。

铁镰根据刃部的形态差异可以分为直刃和曲刃。有学者对朝鲜半岛出土的铁镰进行了形制分析，认为其在大小、刃部弯曲程度、基本形态和角度等方面有形制差异，并体现了随时间发展的变化[6]。目前为止，一般认为，朝鲜半岛南部出土的铁镰是受乐浪影响产生的。从形态上看，铁镰的基部较短，木柄呈钝角装入，镰身幅度一致等特征与乐浪的铁镰比较接近[7]。

1　完州新丰遗址的材料尚未公布，本文所用新丰遗址的材料及图片转自한수영：《完州新丰遗址为中心看初期铁器文化的展开样相》，《湖南考古学报》2017 年第 56 期，第 4—23 页。下文凡涉及新丰遗址的材料，若无特殊说明，均转引自该文。

2　河北省文化局文物工作队：《燕下都第 22 号遗址发掘报告》，《考古》1965 年第 11 期，第 562—570 页。

3　王增新：《辽宁抚顺市莲花堡遗址发掘简报》，《考古》1964 年第 6 期，第 286—293 页。

4　梅原末治、藤田亮策：《朝鲜古文化综鉴》第 1 卷，1947 年。

5　金政文：《细竹里遗址发掘中期报告 1》，《考古民俗》1964 年第 2 期，第 45—54 页。金永佑：《细竹里遗址发掘中期报告 2》，《考古民俗》1964 年第 4 期，第 40—50 页。

6　安在皓：《铁镰的变化和划期》，《伽倻考古学论集》2，加洛国史迹开发研究院，1997 年。

7　金吉植：《三韩地区出土乐浪相关遗物》，《乐浪》，国立中央博物馆，2001 年，第 258 页。

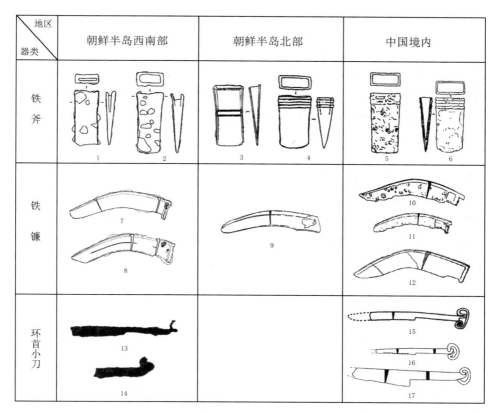

图 3-8　铁器形制对比图

（1. 完州新丰甲 -36 号；2. 完州新丰甲 -56 号；3. 渭源龙渊洞；4. 平安北道细竹里；5. 易县
燕下都 22 号遗址；6. 抚顺莲花堡；7. 完州葛洞 2 号墓；8. 完州葛洞 3 号墓；9. 平安北道细竹里；
10. 燕下都 22 号遗址；11. 抚顺莲花堡；12. 桦甸西荒山屯；13. 完州新丰甲 -44 号；14. 完州
新丰甲 -46 号；15. 燕下都九女台 16 号墓；16、17. 郎井村 10 号遗址）

葛洞的铁镰与朝鲜半岛常见的铁镰形制不同。葛洞出土的两件铜镰形态
基本一致，器身较长，刃部内弧、背部边缘有凸棱、柄端有栏（图 3-8，7、8）。
类似的铁镰形式，在中国的河北、内蒙古、吉林等地都可以看到，属于燕系铁器，
在战国时期已经出现。如易县燕下都 22 号遗址（图 3-8，10）、抚顺莲花堡
遗址（图 3-8，11）、桦甸西荒山屯遗址（图 3-8，12）[1]。朝鲜半岛北部平安
北道细竹里遗址（图 3-8，9）出土的铁镰也属此类。在战国晚期前后，燕国
的铁器开始向内蒙古、辽宁、吉林地区传播，秦汉之际、西汉前期开始扩散

1　吉林省文物工作队等：《吉林桦甸西荒山屯青铜短剑墓》，《东北考古与历史》第 1 辑，文
　　物出版社，1982 年，第 141—153 页。

范围越来越大[1]。葛洞的铁镰应当是随着这一次燕系铁器的扩散而传入到朝鲜半岛的。

环首小刀主要见于江原道的春川地区，全罗北道新丰遗址也有少量出土，均有残缺（图 3–8，13、14）。新丰遗址的年代较早，从残存的环首部分来看，内折卷曲，与同时期燕下都郎井村 10 号遗址[2]（图 3–8，16、17）、燕下都九女台 16 号墓[3]（图 3–8，15）出土的环首小刀形制类似。春川地区出土的环首小刀，刀背与刀柄部分平直，环首部分无内折，为完整的环形，形制与中原地区汉代常见的直体环首小刀，如三门峡市三里桥 M59:1（西汉初期）、南郑龙岗寺 M1:8（西汉早期）等地的相似。但类似环首小刀的延续时间较长，在东汉晚期资兴的墓葬中也能见到。另外在春川新梅里 54–4–1 号居住址出土的环首小刀，柄部弯曲，形似弯体小刀，但因柄部残缺，具体形制不明。仅从柄部形态来看，与洛阳烧沟汉墓 M103:14 的形制较为接近，后者的年代为新莽时期[4]。

铁釜见于加平大成里和金海良洞里两个遗址。加平大成里的两件铁釜，仅存口沿部分，腹部以下残缺，故腹部与底部形制不清。从口部形状看，一件敛口无领的釜与天长三角圩 M1:197 相近。一件直领釜与凤翔高庄秦代墓 M32:2 类似。后者的年代为秦代，但此类釜在西汉及东汉中期的墓葬中均有发现。金海良洞里的铁釜保存较完整。敛口，鼓腹，腹部有一周凸弦纹，形制与天长三角圩 M10:57 接近。后者年代为西汉中晚期[5]（图 3–9）。

关于铁器传入朝鲜半岛的年代，中国、朝鲜、韩国和日本学术界多有论及。王巍先生通过对朝鲜半岛北部出有早期铁器的几处遗址进行研究后认为，在朝鲜半岛北部出土的早期铁器中，被认为年代最早的虎谷五期、会宁五洞的铁器，其年代相当于战国晚期[6]。韩国学者李南珪也认为，“在朝鲜半岛北

1　李南珪：《韩半岛初期铁器文化的流入样相》，《韩国上古史学报》第 36 辑，韩国上古史学会，2002 年，第 35 页。

2　河北省文物研究所：《燕下都》，文物出版社，1996 年。

3　河北省文物局工作队：《河北易县燕下都第十六号墓发掘》，《考古学报》1965 年第 2 期，第 79—102 页。

4　以上对比资料详见白云翔：《先秦两汉铁器的考古学研究》，科学出版社，2005 年，图 5–9、图 5–10，第 179—180 页。

5　以上对比资料可参见白云翔：《先秦两汉铁器的考古学研究》，科学出版社，2005 年，图 5–64，第 249—250 页。

6　王巍：《中国古代铁器及冶铁术对朝鲜半岛的传播》，《考古学报》1997 年第 3 期。

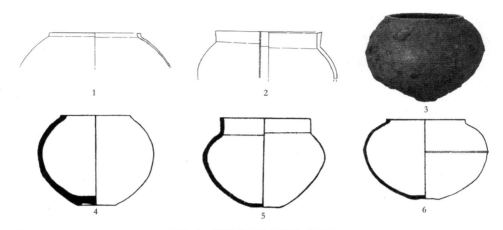

图 3-9　朝鲜半岛南部出土的铁斧
（1—2 加平大成里；3. 金海良洞里；4. 天长三角圩 M1:197；5. 凤翔高庄秦代墓 M32:2；6. 天长三角圩 M10:57）

部地区，铁器的引进是在战国时代晚期前后的可能性很大，即使再往前推，其上限也追溯不到战国中期。"[1] 综合来看，朝鲜半岛北部地区铁器开始出现和使用应当是在战国晚期，约公元前三世纪。

　　关于大同江流域及朝鲜半岛南部铁器出现的年代，曾经有学者认为是汉武帝置乐浪等四郡之后，是乐浪郡汉文化波及的结果。但是在大同江流域的黄海北道凤山松山里[2]、黄海南岛石山里[3] 和咸镜南道咸兴市梨花洞[4] 等遗址的积石墓和土圹木棺墓中，都发现了铸造铁镬，且往往与细型铜剑、多钮细纹镜等朝鲜半岛青铜时代末期的青铜器共存，年代上应当早于汉置乐浪郡的年代。在朝鲜半岛南部忠清南道扶余郡合松里、唐津郡素素里、全罗北道长水郡南阳里等地遗址中，也出土了铁凿，且与细型铜剑、铜戈、铜矛及多钮细纹镜共出，与大同江流域的几座出土铁器的墓葬中的随葬品特点相同，应属于同一系统的文化，其铁器也可能同样属于中国战国晚期燕国系统的铁器。由此可知，铁器传入大同江流域的年代当在汉置四郡之前，即约在公元前二世纪西汉初期前后。

1　李南珪：《朝鲜半岛初期铁器文化的形成和发展过程》，赵志文译，《华夏考古》1996 年第 1 期。
2　黄基德：《黄海北道凤山郡松山里松木洞围石墓》，《考古学资料集》4，1974 年。
3　黄基德：《最近新获琵琶形短剑和窄型铜短剑及相关遗迹遗物》，《考古学资料集》4，1974 年。
4　朴镇煜：《咸镜南道一带古代遗迹调查报告》，《考古学杂志》4。

关于朝鲜半岛铁器的源流，多数学者认为是接受了中国战国时期铁器的影响。朝鲜半岛北部早期铁器的出现是在战国时期铁器文化的直接影响下发生的[1]，但是早期铁器多发现于朝鲜半岛北部的清川江流域以其以北地区，包括大同江流域。

昌原茶户里是目前朝鲜半岛南部已知年代最早的原三国时代遗址。从该遗址出土的铁器、漆器等随葬品种类，可看到来自乐浪文化的影响。说明在公元前一世纪后半期，乐浪郡的汉文化已经对朝鲜半岛的南部三韩产生了强烈的影响。尤其在茶户里墓葬中还发现了铁矿石，或许这一时期半岛南部地区的人们已经对冶炼技术有所了解。并且，茶户里墓葬出土的铁器数量已经较此前阶段多出数倍，仅1号墓一座墓葬，就出土了10件铁斧。可见乐浪郡建立后，汉代铁器及其制作技术传播对朝鲜半岛带来了巨大的影响。

铁器的普及，不仅体现在农具和手工工具已经基本上铁器化，在兵器方面，铁质兵器也正在取代青铜兵器。在年代较茶户里遗址晚一些的庆州朝阳洞遗址中，5号墓和38号墓所出的铁剑皆为铜柄。铜铁的共同使用，说明铁剑正在慢慢取代铜剑。

据《三国志·魏志·东夷传》记载："桓灵之末，韩濊强盛，郡县不能制。"桓灵之际，正值公元二世纪后半期，这一时期，三韩地区的墓葬中出现了大型木椁墓，随葬铁器尤其是兵器的数量也显著增加。釜山老圃洞发现的遗物中，出土了原三国时代晚期的陶器和大量铁器，但基本不见青铜器，说明当时铁器制造业已经比较发达，铁器农具、手工工具和武器已经完全取代了青铜器，铁器在当时人们的生活中发挥着重要作用。而在同属于原三国时代晚期的庆州城隍洞遗址中，已经出现了铁器生产的专门组织，出现了阶层化、分工化和专门化的趋势。因此，孙明助先生认为，公元三世纪后半期，城隍洞遗址应当存在掌管铁器生产的势力集团，当时的庆州一带已经出现了铁器生产的专门组织[2]。

从上文完州葛洞遗址发现的铁镰来看，燕系铁器在乐浪郡建立之前已经进入半岛南部地区，可见当地人们对铁的性能已经有了一定了解。在乐

1　白云翔：《先秦两汉铁器的考古学研究》，科学出版社，2005年，第370页。
2　孙明助：《庆州隍城洞冶铁遗址的性格》，《新罗文化》第14辑，1997年。

浪郡设置之后，随着乐浪工匠南下将冶铁技术带到半岛南部地区，直接加剧了当地铁器制造业的发展。文献记载的"韩濊强盛"应当与朝鲜半岛南部地区冶铁和铁器制作技术的普及、提高密切相关。而冶铁工业的发展，除了乐浪的影响之外，当地富含铁矿也为其制作工业的发展提供了最基本的物质保障。

汉式铁器在朝鲜半岛集中出现的另一个时间段是公元二世纪以后。这一阶段发现的铁器主要集中在朝鲜半岛的中部和东南部地区。在铁器制造工艺上，这一时期的铁器多为铸造品，但随着年代的晚近，锻造铁器有日益增加的趋势，这种趋势也是与中国战国至两汉时期冶铁技术的发展特点相一致的。

无论是上文对于朝鲜半岛南部典型遗址特点的梳理，还是对于汉式铁器的形制特点对比分析，都表明：朝鲜半岛铁器的出现应是战国晚期燕国铁器文化由北向南波及的结果。铁器文化对朝鲜半岛的传播，早在战国晚期已经开始。但这一时期，铁器发现极为稀少，中原铁器文化对朝鲜半岛的影响多是因人员的流动或者物品的输出造成的。这种状况在乐浪郡设置的公元前108年之后发生了根本性的变化：铜铁兵器开始取代了青铜兵器，农具及手工工具也逐渐完全铁器化，以致铁器的普及成为朝鲜半岛南部原三国时代物质文化最重要的特点之一，到原三国时代晚期甚至出现了铁器生产集团，开始了阶层化、专门化、分工化的铁器制造业。

可以说，朝鲜半岛南部初期铁器时代至原三国时代冶铁和铁器制造业的出现，是战国两汉冶铁及铁器制作技术影响和传播的结果，但这种传播可以分为前后两个阶段，战国时期的铁器东传还只是个别铁器的流入、某一项技术的传播，而在乐浪郡设置之后，铁器文化在朝鲜半岛迅速蔓延开，并影响到包括铁制兵器、工具，以及制作这些铁器所需要的熔炼、锻打成型、热处理等多项工艺技术的传播[1]。政局的动荡、人员的流动，加之当地原有的技术与矿产资源，使得铁器和冶铁技术在朝鲜半岛得以使用和传播，由此对这一地区下一阶段的社会发展产生了积极的深远影响。

1　王巍：《中国古代铁器及冶铁术对朝鲜半岛的传播》，《考古学报》1997 年第 3 期。

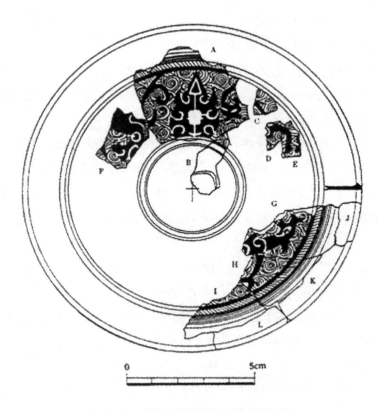

图 3-10　蟠螭纹铜镜（出自益山平章里）

2. 铜镜

韩国学者在对铜镜资料进行公布或者研究时，多参考洛阳烧沟汉墓和广州汉墓出土的铜镜。在铜镜的分类和名称上，多是参照日本学者冈村秀典的观点。冈村秀典先生按照铭文的种类、字体、周缘的形态等相互关系，将铜镜划分为前汉镜和后汉镜，共分为六期[1]。本书在分析铜镜的形制时，参考《中国古代铜镜》[2]一书对于铜镜的分类体系。为表述一致，本书将朝鲜半岛南部遗址出土的铜镜名称，对照其形制，统一采用《中国古代铜镜》中的定名体系。

1　冈村秀典：《前汉镜的编年样式》，《史林》67-5，史学研究会，1984 年；冈村秀典：《后汉镜的编年》，《国立历史民俗博物馆研究报告》第 55 辑，国立历史民俗博物馆，1993 年。
2　孔祥星、刘一曼：《中国古代铜镜》，文物出版社，1984 年。

朝鲜半岛发现的汉式铜镜种类有：蟠螭纹镜类、星云纹镜类、连弧纹铭文镜类、四乳禽兽镜类、规矩纹镜类、连弧纹镜类、神兽纹镜类等。下文就具体情况进行简单介绍。

蟠螭纹镜类

仅见蟠螭纹镜：1件。

益山平章里[1]：1件。钮部已经残损。外圈可见四组花叶纹和蟠螭纹。外缘有一周栉齿纹带。破损较严重。复原直径 13.4 厘米，周缘厚 0.3 厘米（图3-10）。

星云纹镜类

星云纹镜：4件。

昌原茶户里 1 号木棺墓[2]：1件。连峰式钮。钮座外围环绕十六内向连弧纹带。主纹区有四组连弧纹座乳丁。四乳之间为七乳丁组成的星云纹，镜缘为十六内向连弧纹，其内一圈为斜向栉齿纹。直径 12.8 厘米，镜缘厚 0.5 厘米。（图 3-11，1）。

密阳校洞 3 号木棺墓[3]：1件。连峰式钮。四乳之间为七乳丁组成的星云纹。镜缘为十六内向连弧纹。直径 9.85 厘米，镜缘厚 0.3 厘米。形制上较茶户里 1号木棺墓出土的为小（图 3-11，2）。

庆山阳地里 1 号墓葬[4]：1件。连峰式钮。内区两侧为凸弦纹，四乳之间是由七个乳丁及其连线组成的星云纹。镜缘为十六内向连弧纹。直径 9.6 厘米（图 3-11，3）。

浦项城谷里 12 号瓮棺墓[5]：1件。腐蚀较为严重。连峰式钮。四乳之间为七乳丁组成的星云纹。直径 12.8 厘米（图 3-11，4）。

1　全荣来：《韩国青铜器时代文化研究》，新亚出版社，1991 年。
2　李健茂、李荣勋等：《义昌茶户里遗址发掘进展报告 I》，《考古学志》第 1 辑，1989 年。
3　密阳大学校博物馆：《密阳校洞遗址——密阳市综合体育设施建设计划用地内遗址发掘调查报告书》，"学术调查报告"第 7 册，2004 年。
4　圣林文化财研究院：《庆山阳地里遗迹》，2020 年。国立大邱博物馆：《琴湖江之路：琴湖江流域出土的古代文物》，2018 年。（图片转引自白云翔：《汉代中韩交流的最新实物例证——韩国庆山阳地里汉镜及相关问题》，《文物》2022 年第 1 期，第 46 页，图 5。）
5　张正民（音）：《浦项城谷地区原三国时代墓葬遗迹》，韩国文化财调查研究馆协会：《2010—2011 遗迹发掘成果发表资料集》，2011 年。

图 3–11　星云纹镜

（ 1.昌原茶户里 1 号木椁墓; 2.密阳校洞 3 号木棺墓; 3.庆山阳地里; 4.浦港城谷里 12 号瓮棺葬 ）

连弧纹铭文镜类

根据有无铭文及铭文内容的不同，可分为日光连弧纹镜、昭明连弧纹镜、君忘忘连弧纹镜、素连弧纹镜等。韩国学者一般称为"异体字铭带镜"。

日光连弧纹镜：11 件。

蔚山仓坪洞 2 号木棺墓[1]：2 件。其中一件外圈铭文为"见日之光天下大明"，文字之间饰涡纹。内圈饰连弧纹。直径 7.6 厘米。另一件外圈铭文为"见日月光长夫毋忘"。文字之间饰涡纹。内圈饰连弧纹。直径 6.9 厘米（图 3–12，1）。

永川渔隐洞[2]：2 件。共出土三件铜镜，其中两件为日光连弧纹镜，铭文

1　우리文化财研究院：《蔚山农所公营车库建筑用地内文化财发掘调查简报》，2010 年。

2　梅原末治、藤田亮策：《朝鲜古文化综鉴》第 1 卷，养德社，1934 年；国立中央博物馆、国立广州博物馆：《韩国的青铜器文化》，汎友社，1992 年。

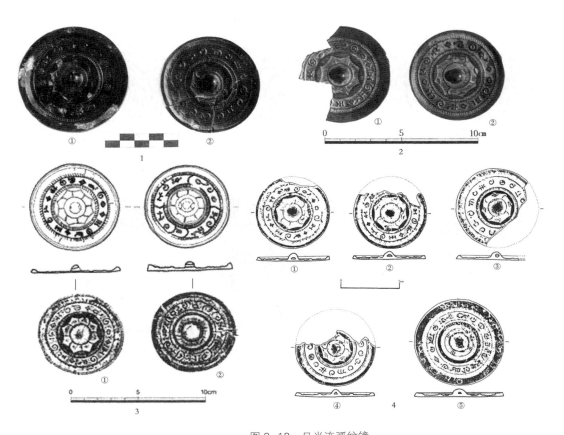

图 3-12　日光连弧纹镜

（ 1.蔚山仓坪洞 2 号木棺墓；2.永川渔隐洞；3.庆州朝阳洞 38 号木棺墓；4.大邱池山洞 ）

为"见日之光天下大明"，铭文字间饰涡纹。一件直径 6.2 厘米，厚 0.2 厘米。另一件部分残缺，仍能见"见日之光天下大明"的铭文字样。直径 6.6 厘米，厚 0.2 厘米（图 3-12，2）。

　　庆州朝阳洞 38 号木棺[1]：2 件。共出土五件铜镜，其中四件完整的铜镜中有两件日光连弧纹镜。一件钮座周围饰八向内连弧纹。内圈饰铭文"见日之光天下大明"。铭文字间饰涡纹和菱形纹。直径 6.5 厘米，厚 0.2 厘米。另一件内区饰波纹和重圈纹。铭文为"见日之光长不相忘"。铭文字间饰涡纹与弧线纹。直径 6.4 厘米，厚 0.25 厘米（图 3-12，3）。

1　国立庆州博物馆：《庆州朝阳洞Ⅱ》，"学术调查报告"第 12 册，2003 年；李阳洙：《关于用圆形再加工而成的汉镜》，《岭南考古学》第 57 辑，岭南考古学会，2011 年。

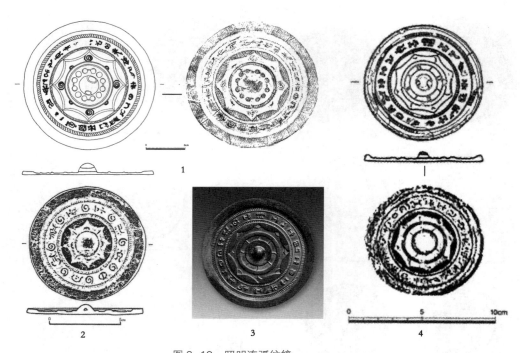

图 3–13　昭明连弧纹镜

（ 1.密阳校洞 17 号木棺墓; 2.大邱池山洞; 3.庆山阳地里 1 号木棺墓; 4.庆州朝阳洞 38 号木棺 ）

　　大邱池山洞[1]：5 件。共出土六件铜镜，其中五件为日光连弧纹镜。1、2 号铜镜，内圈铭文为"见日之光天下大明"。铭文字间饰涡纹。直径分别为 6.2 厘米、6.3 厘米。3、4 号铜镜有部分破损，铭文仅见"见日月之 不长毋忘"等字样。直径 6.9 厘米。6 号铜镜，内圈铭文"见日之光长毋相忘"。直径 7.7 厘米（图 3–12，4）。

　　昭明连弧纹镜：4 件。

　　密阳校洞 17 号木棺墓[2]：1 件。连珠纹钮座。铭文"内清质以昭明 光辉象夫日月 心忽扬而愿忠 然壅塞而不泄"。直径 10.2 厘米，厚 0.3 厘米，残存重量 118 克（图 3–13，1）。

　　大邱池山洞[3]：1 件。共出土六件铜镜，其中一件为昭明连弧纹镜。5 号

1　国立庆州博物馆，《菊隐李养璿蒐集文化财》，1987 年。
2　密阳大学校博物馆：《密阳校洞遗址——密阳市综合体育设施建设计划用地内遗址发掘调查报告书》，"学术调查报告"第 7 册，2004 年。
3　国立庆州博物馆，《菊隐李养璿蒐集文化财》，1987 年。

图 3–14　君忘忘连弧纹镜（出自庆山阳地里 1 号木棺墓）

铜镜内圈铭文"内清质而昭明 光辉象夫兮日月 心忽扬而愿忠 然壅塞而不泄"。铭文字间饰涡纹。直径 8.2 厘米（图 3–13，2）。

　　庆州朝阳洞 38 号木棺[1]：1 件。该墓共出土四件完整铜镜、一件铜镜残片再加工的产品。四件完整的铜镜中，一件为昭明连弧纹镜。钮座周围饰辐射纹和八内向连弧纹。铭文为"内而清而以昭而明光而象夫日月心而不泄"。直径 8 厘米，厚 0.3 厘米（图 3–13，4）。

　　庆山阳地里 1 号木棺墓[2]：1 件。共出土三件铜镜，其中一件为昭明连弧纹镜。钮座周围环绕分布八条短弧线纹和一周凸条带。凸条带外侧为八内向连弧纹。铭文为"内清以昭明○光象夫日月○○不泄"。直径 10.2 厘米（图 3–13，3）。

　　君忘忘连弧纹镜：1 件

　　庆山阳地里 1 号木棺墓[3]：1 件。共出土三件铜镜，其中一件为君忘忘连

1　国立庆州博物馆：《庆州朝阳洞Ⅱ》，"学术调查报告"第 12 册，2003 年；李阳洙：《关于用圆形再加工而成的汉镜》，《岭南考古学》第 57 辑，岭南考古学会，2011 年。

2　圣林文化财研究院：《庆山阳地里遗迹》，2020 年。国立大邱博物馆：《琴湖江之路：琴湖江流域出土的古代文物》，2018 年。（图片转引自白云翔：《汉代中韩交流的最新实物例证——韩国庆山阳地里汉镜及相关问题》，《文物》2022 年第 1 期，第 45 页，图 2。）

3　圣林文化财研究院：《庆山阳地里遗迹》，2020 年。国立大邱博物馆：《琴湖江之路：琴湖江流域出土的古代文物》，2018 年。（图片转引自白云翔《汉代中韩交流的最新实物例证——韩国庆山阳地里汉镜及相关问题》，《文物》2022 年第 1 期，第 45 页，图 3。）

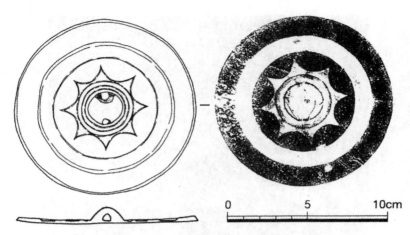

图 3-15　素连弧纹镜（出自金海良洞里 162 号木椁墓）

弧纹镜。半球形钮，并蒂十二连珠纹钮座。钮座周围一周栉齿纹带和凸带纹。凸带外侧为八内向连弧纹。连弧之间装饰有涡纹、射线等纹饰。其外侧刻有铭文"君忘忘而矢志兮 爰使心眷 奂不可尽行 心污结而独愁 明知非不可久处 志所不已"。直径 17.4 厘米（图 3-14）。

素连弧纹镜：1 件。

金海良洞里 162 号木椁墓[1]：1 件。以钮座为中心，环绕八内向连弧纹。镜缘较宽，无纹饰。铜镜出土时位于墓主人胸部。直径 11.7 厘米（图 3-15）。

四乳禽兽纹镜类

四乳四虺镜：4 件。

公州公山城土圹墓[2]：1 件。虺龙纹镜。内缘和外缘各饰一周栉齿纹。内区有四个圆形乳丁，乳丁间饰虺龙纹。虺龙的头部有禽鸟纹。直径 9.9 厘米（图 3-16，1）。

永川渔隐洞[3]：1 件。共出土三件铜镜，其中一件为四乳四虺镜，破损较严重。内圈能见一个乳丁及 S 形虺龙纹和禽鸟纹。直径 10.6，厚 0.6 厘米（图 3-16，2）。

1 东义大学校博物馆：《金海良洞里古坟文化》，"学术丛书"第 7 辑，2000 年。
2 安承周、李南奭：《公山城百济推定王宫址发掘调查报告书》，公州事业大学博物馆，1987 年。
3 梅原末治、藤田亮策：《朝鲜古文化综鉴》第 1 卷，养德社，1934 年；国立中央博物馆、国立广州博物馆：《韩国的青铜器文化》，汎友社，1992 年。

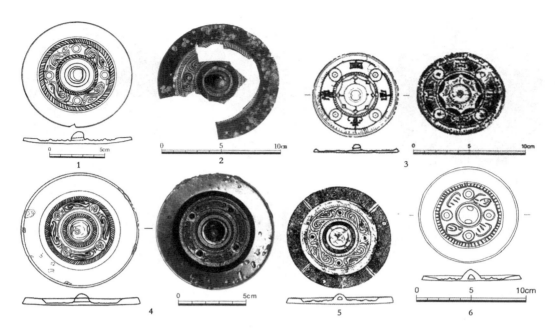

图 3-16　四乳禽兽纹镜类
（1.公州公山城土圹墓；2.永川渔隐洞；3.庆州朝阳洞 38 号木棺；4.庆山新岱里 75 号木棺墓；
5.大邱坪里洞；6.金海良洞里 162 号木椁墓）

庆山新岱里 75 号木棺墓[1]：1 件。圆形钮座，钮座周围及内区外缘饰两周栉齿纹。内区有 4 个圆形乳丁，乳丁间饰虺龙纹。镜的外缘平整，无纹饰。制作较为粗糙。直径 8.7 厘米，厚 0.2 厘米—1 厘米，重 153 克（图 3-16，4）。

大邱坪里洞[2]：1 件。四乳间装饰有四条虺龙，虺龙的头部饰鸟纹。宽缘，无纹饰。直径 10.6 厘米（图 3-16，5）。

四乳铭文镜：1 件。

庆州朝阳洞 38 号木棺[3]：1 件。共出土四件完整铜镜，其中一件为四乳铭文镜。圆钮，圆圈钮座。内圈饰波浪纹和连弧纹。主纹区有四个乳丁，间饰"家常富贵"四字。直径 7.5 厘米，厚 0.2 厘米（图 3-16，3）。

1　岭南文化财研究院：《庆山新岱遗址Ⅰ》，"学术研究报告"第 5 册，1998 年。
2　尹容镇：《韩国青铜器文化研究——大邱坪里洞出土一括遗物检讨》，《韩国考古学报》第 10、11 辑，1981 年。
3　国立庆州博物馆：《庆州朝阳洞Ⅱ》，"学术调查报告"第 12 册，2003 年；李阳洙：《关于用圆形再加工而成的汉镜》，《岭南考古学》第 57 辑，岭南考古学会，2011 年。

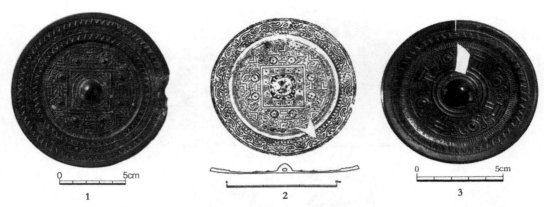

图 3–17　规矩纹镜类
1. 金海内德里 19 号木棺；2. 金海良洞里；3. 扶余下黄里

四乳禽鸟纹：1 件。

金海良洞里 162 号木椁墓[1]：1 件。圆形钮。主纹区饰四个乳丁，四乳间饰四只简化禽鸟纹。纹饰区外饰一周栉齿纹。直径 9.1 厘米（图 3–16，6）。

规矩纹镜类

规矩纹镜的钮座外饰一圈方框，主纹区饰"TLV"纹样，又称"博局镜"。根据主纹区纹饰的不同又可分为鸟兽纹规矩镜、四神规矩镜、简化规矩镜等。

鸟兽纹规矩镜：1 件。

金海内德里 19 号木棺墓[2]：1 件。镜钮外四周的方框外，环绕饰八个乳丁，乳丁间饰相向的"8"形鸟纹。镜缘装饰有锯齿纹。直径 12.1 厘米（图 3–17，1）。

四神规矩镜：1 件。

金海良洞里[3]：1 件。柿蒂纹钮座，钮座外饰一周方框。内区除"TLV"规矩纹样外，装饰有八个乳丁。八个乳丁之间依照十二地支的方向，在寅、巳、申、亥的方向配置四神图案，对角方向饰瑞兽纹，另装饰小型的鸟纹。镜内圈外缘饰有铭文"尚方佳竟真大〇 上有仙人不知老 渴饮玉泉饥食枣 浮游天下

1　东义大学校博物馆：《金海良洞里古坟文化》，"学术丛书"第 7 辑，2000 年。
2　林孝泽：《内德里遗址》，《金海的古坟文化》，金海市，1998 年。
3　朴敬源：《金海地方出土的青铜遗物》，《考古美术》第 106—107 号，1970 年。

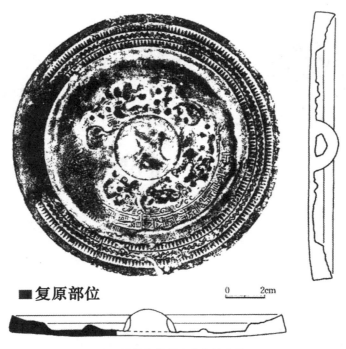

■复原部位

0　　2cm

图 3-18　神兽纹镜类（出自益山莲洞里）

敖四海"。镜缘饰云气纹及锯齿纹。直径 20 厘米（图 3-17，2）。

简化规矩纹镜：1 件。

扶余下黃里[1]：1 件。圆形钮，圆形钮座。环绕钮座饰四个"T"字纹，间饰四个乳丁。乳丁中间有简略的线纹（图 3-17，3）。

神兽纹镜类

益山莲洞里[2]：1 件，盘龙纹镜。内圈饰二龙一虎的图案。铭文可见"……家人民息　胡羌除灭天下复风雨……"等十三个字。外缘两周锯齿纹，中间夹一周波浪纹。直径 14.3 厘米，周边高 1.1 厘米（图 3-18）。

1　成正镛、南宫丞：《益山莲洞里盘龙镜与马韩的对外交涉》，《考古学志》第 12 辑，2001 年。
2　成正镛、南宫丞：《益山莲洞里盘龙镜与马韩的对外交涉》，《考古学志》第 12 辑，2001 年。

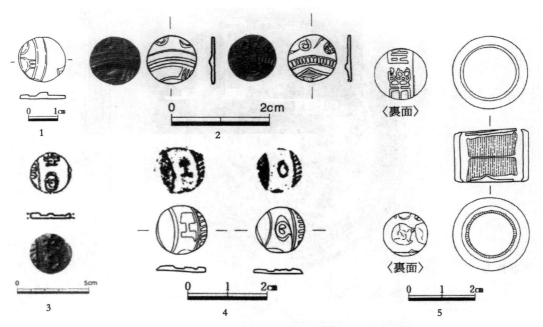

图 3–19 铜镜残片再加工

（1. 庆山林堂洞 A–I–122 号木棺墓；2. 庆山新岱里 37 号木棺墓；3. 庆州朝阳洞 38 号木棺；4. 庆
山林堂洞 E–138 木棺墓；5. 庆山林堂洞 E–58 号木棺墓）

铜镜残片再加工品

庆山林堂洞 A–I–122 号木棺墓[1]：1 件。直径 1 厘米，厚 0.1—0.2 厘米。
为镜的连弧纹钮座与内区的圆圈纹部分的再加工品，能见到两瓣连弧纹（图
3–19，1）。

庆山林堂洞 E–138 木棺墓[2]：2 件。推测为日光镜的残片加工制成。其中
一件有铭文"大"字与栉齿纹，内区有连弧纹。另一件留有铭文"日"字，
内区有连弧纹。可能是用同一件铜镜的残片加工而成的。两件直径分别为 1.35
厘米、1.36 厘米，厚 0.17 厘米（图 3–19，4）。

庆山新岱里 37 号木棺墓[3]：2 件。出土时位于圆筒形木制品的下端。两件
为一套。一件直径 1.8 厘米，外缘能见"日"字铭文。另一件直径 1.7 厘米，
能见到内圈连弧纹，外缘能见"毋"字。推测为"见日之光长毋相忘"的日

1　韩国土地公社、韩国文化财保护财团：《庆山林堂遗迹 I》，"学术调查报告"第 5 册，1998 年。
2　韩国土地公社、韩国文化财保护财团：《庆山林堂遗迹 VI》，"学术调查报告"第 5 册，1998 年。
3　岭南文化财研究院：《庆山新岱里遗迹 I》，"学术研究报告"第 176 册，2010 年。

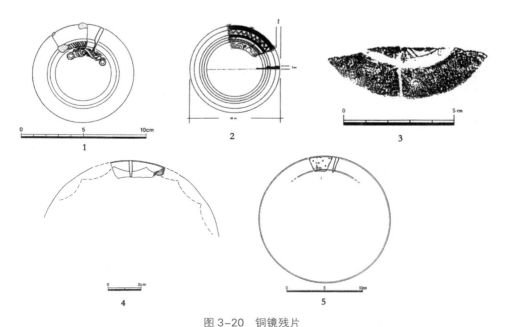

图 3-20　铜镜残片

（1. 金海会岘里贝冢 11 层；2. 固城东外洞贝冢；3. 济州山地港；4. 永川龙田里木棺墓；5. 坡州读书里）

光镜残片制成（图 3-19，2）。

　　庆州朝阳洞 38 号木棺[1]：1 件。共出土五件铜镜，四件为完整的铜镜，一件为铜镜残片再加工的产品，系用昭明镜的残片加工而成。器表可见栉齿纹和"夫"的铭文字样。直径 1.5 厘米，厚 0.1 厘米（图 3-19，3）。

　　庆山林堂洞 E-58 号木棺墓[2]：2 件。出土于圆筒形青铜器内木制品的下端。两件为一套。一件表面有"长乐"字样的铭文。直径 1.6 厘米，厚 0.1 厘米。另一件直径 1.3 厘米，厚 0.1 厘米。残留部分能见到三个乳丁状凸起。推测为草叶纹镜和星云纹镜的碎片加工而成（图 3-19，5）。

　　铜镜残片

　　金海会岘里贝冢 11 层[3]：1 件。仅存镜子边缘一小部分。虺龙纹外有一圈栉齿纹。铜镜的复原直径为 8.2 厘米（图 3-20，1）。

1　国立庆州博物馆：《庆州朝阳洞Ⅱ》，"学术调查报告"第 12 册，2003 年；李阳洙：《关于用圆形再加工而成的汉镜》，《岭南考古学》第 57 辑，岭南考古学会，2011 年。

2　韩国土地公社、韩国文化财保护财团：《庆山林堂遗址Ⅵ》，"学术调查报告"第 5 册，1998 年。

3　釜山大学校博物馆、釜山大学校人文大学考古学科：《金海会岘里贝冢转写试掘调查报告书》，2003 年。

固城东外洞贝冢[1]：1件。仅残存镜缘部分，饰栉齿纹。复原直径9.9厘米（图 3–20，2）。

济州山地港[2]：1件。仅存一小部分镜缘，能见部分栉齿纹（图3–20，3）。

永川龙田里木棺墓[3]：1件。仅存一小部分镜缘，见有连弧纹。推测可能 为星云纹镜（图3–20，4）。

坡州读书里[4]：1件。仅存一小部分镜缘，尚存连弧纹样。推测直径为 17.3厘米，厚0.4厘米（图3–20，5）。

朝鲜半岛南部出土的汉式铜镜相关情况，详见下表。

表3–2　朝鲜半岛南部出土汉式铜镜一览表

地区	遗址	铜镜有关遗物	共存汉式遗物	遗址推测年代
京畿道	坡州读书里	铜镜残片（1）		原三国时代
忠清地区	公州公山城土圹墓	四乳四虺镜（1）		公元前后一世纪
	扶余下黄里	简化规矩纹镜（1）		公元一世纪—公元二世纪
全罗光州地区	益山莲洞里	神兽纹镜（1）		公元一世纪—公元二世纪
	益山平章里	蟠螭纹镜（1）		公元前三世纪—公元前二世纪
济州地区	济州山地港	铜镜残片（1）	铜钱（18）	
庆尚道地区	庆山新岱里37号木椁墓	铜镜残片再加工品（2）		公元前一世纪
	庆山新岱里75号木椁墓	四乳四虺镜（1）		公元一世纪—公元二世纪
	庆山林堂洞A–I–122号木棺墓	铜镜残片再加工品（1）		公元前后一世纪
	庆山林堂洞E58木棺墓	铜镜残片再加工品（2）		公元前后一世纪
	庆山林堂洞E138号木棺墓	铜镜残片再加工品（2）		公元前后一世纪

1　金东镐：《固城东外洞贝冢发掘调查报告》，《上老大岛》，"古籍调查报告"第8册，东亚大学校博物馆，1984年。

2　梅原末治、藤田亮策：《朝鲜古文化综鉴》第1卷，养德社，1934年；李清圭：《济州道考古学研究》，"考古学丛书"10，学研文化社，1995年。

3　国立庆州博物馆：《永川龙田里遗址》，"学术调查报告"第19册，2007年。

4　国立中央博物馆：《汉江流域先史遗物》，2010年。

续表

地区	遗址	铜镜有关遗物	共存汉式遗物	遗址推测年代
庆尚道地区	永川鱼隐洞	日光连弧纹镜（2）、四乳四虺镜（1）		公元前一世纪
	永川龙田里木棺墓	铜镜残片（1）	金铜弩机（1）、小铜（1）、顶针（1）、铜泡及剑鞘装饰金具（1）	公元前一世纪
	浦项城谷里12号瓮棺墓	星云纹镜（1）		公元前一世纪
	庆州朝阳洞38号木棺墓	日光连弧纹镜（2）、昭明连弧纹镜（1）、四乳铭文镜（1）、铜镜残片再加工品（1）		公元前一世纪
	大邱池山洞	日光连弧纹镜（5）、昭明连弧纹镜（1）		公元前后一世纪
	大邱坪里洞	四乳四虺镜（1）		公元前后一世纪
	庆山阳地里1号木棺墓	昭明连弧纹镜（1）、星云纹镜（1）、君忘忘连弧纹镜（1）		公元纪年前后
	密阳校洞3号木棺墓	星云纹镜（1）		公元前一世纪
	密阳校洞17号木棺墓	昭明连弧纹镜（1）		公元前一世纪
	固城东外洞贝冢	铜镜残片（1）		公元二世纪—公元四世纪
	昌原茶户里1号木棺墓	星云纹镜（1）	青铜带钩（1）、小铜铎（1）、五铢钱（3）	公元前一世纪
	金海良洞里古坟群162号木椁墓	素连弧纹镜（1）、四乳禽鸟纹镜（1）	铁镂（1）	公元二世纪
	金海良洞里	四神规矩镜（1）		公元一世纪—公元二世纪
	金海内德里19号木椁墓	鸟兽纹规矩镜（1）		公元一世纪—公元二世纪
	金海会岘里贝冢11层	铜镜残片（1）		公元前二世纪—公元六世纪
	蔚山仓坪洞2号木棺墓	日光连弧纹镜（2）		公元前一世纪

在公元前三世纪以前，朝鲜半岛发现的铜镜为多钮镜，其特征是背面有2—

3个钮,根据钮周边纹样的不同,可以分为雷纹镜、几何纹镜、粗纹镜、精纹镜等。各类铜镜的制作年代也各有早晚。其中多钮几何纹镜在中国东北地区、朝鲜半岛、日本列岛及俄罗斯滨海地区都有发现,且始终与东北亚系青铜短剑共存,是东北亚系青铜文化的典型器物之一[1]。进入公元前三世纪以后,汉式镜开始出现的同时,朝鲜半岛原有的多钮镜仍然存在,并且有与汉式器物共存的情况,可视为原有文化因素的传续。汉式镜在朝鲜半岛发现的数量虽然不多,仍能通过铜镜对当时汉文化在朝鲜半岛南部的影响,以及当地对汉式铜镜的认识过程与接纳方式进行探讨。

通过上文对汉式铜镜材料的梳理可见,在目前已知的材料中,朝鲜半岛南部的汉镜主要集中在庆尚道,另外在全罗北道、忠清南道、济州道等地区也有一些零星分布。

从年代上来看,朝鲜半岛南部地区目前年代最早的铜镜是全罗北道益山平章里发现的蟠螭纹铜镜。该镜并非正式发掘品,是在距离土圹墓较近的地表收集而得,最初报告者认为是战国末期至西汉前期的,即公元前三世纪。蟠螭纹镜在中国的流行时间为战国晚期和西汉初年,从平章里蟠螭纹镜的纹样风格来看,与中国战国时期的蟠螭纹镜较为类似。但该镜与韩国式铜剑、铜戈、铜矛等共存,根据共存器物的特征判断,沈奉谨先生认为其年代应该在西汉中期以前[2]。考虑到铜镜不易破损,使用周期较长,生产年代、流通年代及埋葬时间可能存在先后的情况,推测平章里的蟠螭纹铜镜年代在公元前二世纪中期,其流入朝鲜半岛南部的时间早于乐浪郡的设置。

星云纹镜类主要发现于朝鲜半岛东南部的庆尚道。其中茶户里1号木棺墓中的星云纹镜与五铢钱共存。对比中原地区五铢钱的类型演变规律,当为西汉中晚期的形制。因此推测墓葬的年代在公元前一世纪中叶。星云纹镜在中国出现于汉武帝时期,流行于西汉中期,到西汉晚期仍可见。茶户里1号木棺墓出土的铜镜,在中国东部地区多有发现[3]。

连弧纹铭文镜类是朝鲜半岛南部发现数量最多的汉式铜镜,其中又以日光连弧纹镜数量最多,共计11件,占全出土铜镜数量的三分之一左右。从出

1　杜超:《东北亚系多钮几何纹镜研究》,西北大学硕士学位论文,2020年。
2　沈奉谨:《三韩、原三国时代的铜镜》,《石堂论丛》第16辑,1990年。
3　白云翔:《三韩时代文化遗存中的汉朝文物及认识》,《秦汉考古与秦汉文明研究》,文物出版社,2019年,第515—516页。

土地点来看，主要发现于庆尚道地区，且多出于墓葬。在庆州朝阳洞 38 号墓葬中，在人骨的头部和胸部放置了 4 枚铜镜，其中 3 枚属于连弧纹镜类，1 枚为四乳铭文镜。均是西汉时期的铜镜。大邱池山洞的铜镜包括 4 枚日光连弧纹镜、1 枚重圈纹日光镜、1 枚昭明连弧纹镜，也均为西汉时期的铜镜。日本学者高仓洋彰先生认为，大邱池山洞的器物组合及日光连弧镜中有两例与中国江苏省连云港市霍贺墓、日本唐静市田岛 6 号瓮棺墓出土的铜镜铭文相同，年代应该在公元前一世纪左右[1]。连弧纹镜中日光连弧纹镜、昭明连弧纹镜是流行于西汉武帝之后至王莽时期的铜镜类型。另外庆山阳地里出土的"君忘忘"连弧纹镜在中国境内出土的数量也较少，白云翔先生根据镜铭字体特点，认为其制作年代在西汉晚期至新莽时期[2]。本书亦从其说。从朝鲜半岛南部出土连弧纹镜类的遗址年代来看，多为公元前一世纪前后，与中原地区基本相同。

　　四乳禽兽纹镜类在朝鲜半岛南部发现共 6 枚，其中有 4 枚为四乳四虺镜。在金海会岘里贝冢遗址出土的铜镜残片，因残存有虺龙纹样，可能也属于四乳四虺镜。四乳禽兽纹镜在汉代一般出现于武帝以后。西汉晚期及王莽时期，仍然继续流行。东汉前期以后，此类铜镜主要见于中国南方地区。例如广州地区，在东汉前期仍能见到。

　　规矩纹镜类在朝鲜半岛仅发现 3 枚。其中规矩四神镜在中国主要出现于王莽时期以后，东汉中期之后，规矩纹镜逐渐退化，出现了简化规矩纹镜。规矩纹镜是西汉末至东汉初期最具代表性的铜镜类型。

　　神兽纹镜类在朝鲜半岛南部仅发现 1 枚。这类铜镜在中国多见于东汉时期，流行地区为长江流域。益山莲洞里的盘龙镜上有"胡羌除灭……"的铭文，其中所提到的羌的入侵是在安帝永初元年（公元 107 年）开始的，此后 12 年间持续作乱，在当时的洛阳发生了 4 次战乱。和盘龙镜的铭文体现了当时饱受战乱之苦的人们渴望安定的愿望，有学者认为这面铜镜应该是在西安一带制作的，之后流入益山所在的马韩地区[3]。

1　高仓洋彰：《汉代铜镜与东亚世界》，滕铭予译，《边疆考古研究》第 3 辑，科学出版社，2004 年。
2　白云翔：《汉代中韩交流的最新实物例证——韩国庆山阳地里汉镜及相关问题》，《文物》2022 年第 1 期，第 46 页。
3　成正镛、南宫丞：《益山莲洞里盘龙镜和马韩的对外交涉》，《考古学志》第 12 辑，2001 年。

从上述铜镜在中国的流行时间来看，蟠螭纹镜类、星云纹镜类、连弧纹镜类及四乳禽兽纹镜类，多为西汉时期常见的铜镜类型。规矩镜类流行于西汉末至东汉初期。神兽纹镜是东汉时期常见的铜镜。

朝鲜半岛南部发现的年代最早的铜镜为西汉镜，尚未发现能够早到战国时期的铜镜。西汉铜镜在朝鲜半岛的大量出现，说明铜镜在传入朝鲜半岛南部之后，被当地迅速地接收。白云翔先生通过对朝鲜半岛南部发现的汉镜年代及类型分析也认为，"除个别铜镜有可能早到西汉早期外，绝大多数是西汉中期及其以后出现和流行的镜类"[1]。这一方面表明中韩两地交往在西汉中期之后渐趋频繁，另一方面，公元前108年乐浪四郡的设置，也为两地的交往提供了契机。

铜镜大多数出土于墓葬，可见铜镜与当地人的生活联系是相当紧密的。甚至有些墓葬中随葬不止一面铜镜，可能墓主人较其他人对铜镜的喜爱更甚，也可能拥有更多的财富或者地位。铜镜在此或可能被赋予了代表墓主人身份的作用。墓葬中发现的用铜镜碎片再加工而成的物品，也从另一角度说明当地人们对这种汉地传入的铜镜爱惜有加，即便是破碎了，也要物尽其用。

铜镜除出土于墓葬之外，也有少量见于遗址之中。例如金海会岘里贝冢的四乳虺龙纹镜，遗址年代为公元一世纪末至公元二世纪初。庆尚南道固城东外洞贝冢遗址[2]中也发现了带细线式兽带镜的铜镜碎片。两处遗址均位于海岸边，出土的铜镜亦均为碎片。有学者认为，朝鲜半岛南部发现的铜镜碎片可能与匈奴墓葬中的铜镜碎片一样，代表了某种毁器行为[3]。但考虑到部分墓葬中还有随葬碎片再加工品，将铜镜故意损毁之后再下葬的可能性不大。因此有学者认为，这两处遗址出土的铜镜可能是当时人们用作为来往船只祈求平安的器具[4]。

从铜镜的分布来看，朝鲜半岛南部的汉镜最早发现于当时的马韩地区，但是此后这里几乎没有再发现汉镜。铜镜分布数量最多的是岭南地区，并且多集中在庆尚道。一般来说，朝鲜半岛一座墓葬仅随葬一面铜镜，但是

1 白云翔：《汉代中国与朝鲜半岛关系的考古学观察》，《北方文物》2001年第4期。
2 金东镐：《固城东外洞贝冢发掘调查报告》，《上老大岛》，东亚大学校博物馆，1984年。
3 段媛媛：《朝鲜半岛南部发现的汉镜》，《边疆考古研究》第28辑，2020年。
4 李阳洙：《韩半岛三韩、三国时代铜镜的考古学研究》，釜山大学文学博士学位论文，2010年。

在庆州、金海、永川等地出现了一座墓葬随葬多面铜镜的现象。这也是以岭南地区为主要分布范围的辰韩铜镜的独特之处。而在金海、固城等相当于弁韩分布范围的地区，发现的铜镜种类虽然不多，但是在除墓葬之外的贝冢遗址中都有发现，说明铜镜在不同地区的功用，或人们赋予它的作用和意义存在一定差异。

综上，目前朝鲜半岛南部发现的年代最早的汉镜为星云纹镜，其出现应当与乐浪郡的设置有关，很可能就是从乐浪地区传入的[1]。进入原三国时代之后，尤其是在汉设四郡之后，朝鲜半岛原先流行的多钮镜逐渐减少的同时，开始出现汉镜。朝鲜半岛北部乐浪郡范围内出现的铜镜前文已有论述。尽管在朝鲜南部发现的汉镜与半岛北部比较而言数量上明显要少，但它们在体现中韩之间文化交流的作用和意义是相当的。

3. 玻璃（琉璃）器

在朝鲜半岛南部发现的玻璃器，按照种类大体可以划分为玻璃玉珠、金箔玻璃玉、水晶制多面玉、玻璃质管玉、玻璃小玉等。

涟川鹤谷里积石冢2号椁[2]：金箔水晶制料珠7件。其中有部分金箔剥落，玉珠呈灰色。直径在0.2厘米—0.5厘米（图3–21，1）。金箔水晶制连珠玉3件。三件尺寸分别为1.4厘米×0.5厘米×0.2厘米，0.7厘米×0.3厘米×0.1厘米，0.4厘米×0.3厘米×0.1厘米（图3–21，2）。

唐津素素里[3]：玻璃质地管玉2件。两件管玉形制相同。有一件一段有残损。整体呈现出蓝绿色。通体不透明。中部穿孔的孔径，两端不相同，一端大，一端小。长度5.6厘米—5.8厘米（图3–21，7）。

扶余合松里[4]：玻璃质管玉8件。八件管玉根据透明度不同，可分为三类。Ⅰ类呈半透明状，天蓝色。器身含有较多气泡。管玉两端切割得十分平整。长6.1厘米、6.2厘米，宽0.85厘米（图3–21，8–①）。Ⅱ类的颜色较Ⅰ类更为明亮，长5.4厘米，宽0.85厘米（图3–21，8–②）。Ⅲ类为透明蓝色。器身有很多细小的斑点。长5.1厘米—5.5厘米，宽0.9厘米—1厘米（图3–21，8–③）。

1　姜银英：《汉镜的制作和辰、弁韩地区流入过程》，首尔大学硕士学位论文，2000年。
2　畿甸文化财研究院：《涟川鹤谷里积石冢》，2004年。
3　李健茂：《唐津素素里遗迹出土一括文物》，《考古学志》第3辑，1990年。
4　李健茂：《扶余合松里遗迹出土一括遗物》，《考古学志》第2辑，1990年。

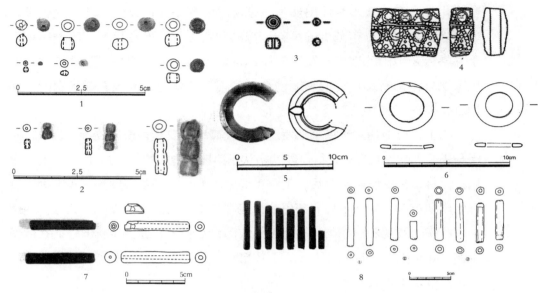

图 3-21　玻璃器

（1—2. 涟川鹤谷里积石冢 2 号椁；3. 完州上云里乙区 1 号坟丘墓 2 号黏土椁；4. 泗川勒岛 A
地区贝冢；5. 济州三阳洞 II -2 地区 6 号居住址；6. 完州葛洞 2 号土圹墓；7. 唐津素素里；8. 扶
余合松里）

　　完州上云里乙区 1 号坟丘墓 2 号黏土椁[1]：金箔玻璃 2 件。用玻璃和金箔
交替制作而成。高 0.4 厘米、0.6 厘米，直径 0.4 厘米、0.7 厘米（图 3-21，3）。

　　完州葛洞 2 号土圹墓[2]：玻璃环 2 件。一件完整、一件略有破损。其
中 1 件铸造完成后，未经打磨。经成分检测为铅钡玻璃器，呈青绿色，有
气泡。直径 3.7 厘米、4.2 厘米，厚 0.3 厘米—0.3 厘米，重 8.9 克、8.6 克
（图 3-21，6）。

　　济州三阳洞 II -2 区域 6 号居住址[3]：玻璃环玉 1 件。直径 6.5 厘米，厚 1.5
厘米，内部和直径 3.5 厘米。部分残断。横截面略呈六角形（图 3-21，5）。

　　泗川勒岛 A 地区贝冢：镶嵌管玉 1 件。长 2.5 厘米，宽 1.2 厘米。形状与
管玉类似，但材质不明。器表上下两部分装饰连珠，连珠呈锯齿状分布。连
珠内镶嵌有圆形贝壳（图 3-21，4）。

1　金承玉等：《上云里 I 》，"全北大学校博物馆丛书" 52，2010 年。
2　湖南文化财研究院：《完州葛洞遗址》，2005 年；湖南文化财研究院：《完州葛洞遗址 II 》，
　　2009 年。
3　济州市济州大学校博物馆：《济州三阳洞遗址 II III 地区》，2001 年。

表 3-3　朝鲜半岛南部出土玻璃制品一览表

所属地区	出土单位	玻璃制品	共存遗物	遗址年代
京畿道	涟川鹤谷里积石冢2号椁	金箔玻璃玉珠（7）、金箔玻璃连珠玉（3）	青铜环（1）	公元二世纪末—公元三世纪初
忠清地区	唐津素素里	玻璃管玉（2）		公元前二世纪
	扶余合松里	玻璃管玉（8）		公元前二世纪
全罗地区	完州上云里乙地区1号坟丘墓2号黏土椁	金箔琉璃（2）	半两钱（1）	公元三世纪—公元四世纪
	完州葛洞2号土圹墓	环形琉璃（2）	铁镰（1）	公元前三世纪—公元前一世纪
济州道	济州三阳洞Ⅱ-2区域6号居住址	琉璃环玉（1）		公元前后一世纪
庆尚道	泗川勒岛A地区贝冢	镶嵌管玉（1）	铁斧（1）	公元前二世纪—公元二世纪

　　玻璃作为一种人工制品，对它的制作和使用也能够表明当时人们对这一制作工艺的掌握和生产水平。朝鲜半岛南部玻璃器也是在进入铁器时代之后才有发现。

　　完州葛洞2号土圹墓两件玻璃器经检测属于铅钡玻璃[1]。铅钡玻璃是最具中国特色的古玻璃。中国中原地区最早的古玻璃制造始于春秋和战国早期，从原始瓷的瓷釉制作演变而来。伴随着制备玻璃的助溶剂的改进，在战国中晚期，发展产生了成分特殊的铅钡玻璃[2]。战国时期的楚国是铅钡玻璃的主要生产地，并且随着对外交流的开展，楚国的铅钡玻璃器也出现在其他地区。例如，吴越与楚相邻，楚国的玻璃器也传播到了东周时期的吴越文化遗存中[3]，如无锡鸿山邱承墩发现的玻璃器经检测也属于铅钡玻璃器[4]。

1　김규호等：《完州葛洞遗址出土琉璃化学性考察》，《完州葛洞遗址》，湖南文化财研究院，2005年。
2　干福熹、承焕生、李青会：《中国古代玻璃的起源——中国最早的古代玻璃研究》，《中国科学》2007年第37期，第382—391页。
3　后德俊：《先秦和汉代的古代玻璃技术》，《中国古代玻璃技术的发展》，上海科学技术出版社，2005年。
4　夏晓伟、刘松、王卿等：《鸿山越墓出土战国玻璃的无损分析及相关认识》，《南方文物》2013年3期，第143—149页。

原有研究已经表明，具有中国特色的铅钡玻璃器在产生后，影响到了朝鲜半岛、日本的玻璃器[1]。从年代上来看，中国出现铅钡玻璃器年代最早，相当于战国中晚期；其次是朝鲜半岛，年代相当于战国晚期；再次是日本，年代可能相当于中国西汉时期。根据玻璃器的检测结果，完州葛洞的两件玻璃器与我国四川青川、重庆开县、江苏无锡鸿山邱承墩等地发现的玻璃制品在成分上较为接近，但我国发现的玻璃器 Al_2O_3 的成分含量较高。日本九州地区发现的玻璃器在成分上也与朝鲜半岛完州葛洞、中国等地发现的较为接近。只是从形制上来看，中国境内发现的铅钡玻璃器多用于蜻蜓眼珠的装饰局部，而少见像朝鲜半岛、日本发现的完整的管状或者环状器[2]。

在完州葛洞2号土圹墓出土的琉璃玉珠（图3–21，3）形制十分特别，且在朝鲜半岛其他地区尚无发现，经过科学分析，确定其成分是铅钡玻璃。完州葛洞的发掘者将遗址年代定为公元前二世纪至公元一世纪。有学者认为墓葬中所出的铁镰和铁斧的形制与战国—西汉前期的铁器接近，因此推测遗址的年代应该是在乐浪郡设置之前[3]。从该遗址发现的琉璃玉环来看，形制与中国燕下都发现的琉璃器十分类似，如果遗址年代确为乐浪郡设置之前，那么很有可能是受到了燕文化的影响。

扶余合松里遗址也出土了类似玉环的琉璃器[4]。同样形制的琉璃器也见于长水郡南阳里2号墓[5]。全罗南道海南郡谷里出土的玉珠，年代为公元二世纪，经科学鉴定，成分为钠玻璃，有学者认为可能是从中国，或者是中国以外的地区，如东南亚等地输入到朝鲜半岛的[6]。在传入到朝鲜半岛的物品中，应当有一些琉璃料或者玉料等是先从东南亚传到乐浪地区，然后通过朝鲜半岛南部与乐浪的交流再传入南部地区的[7]。

琉璃金箔玉在原三国时代也主要集中分布在湖南地区。琉璃金箔玉以连

---

1 干福熹等：《中国古代玻璃技术发展史》，上海科学技术出版社，2016年。
2 蒋璐：《从韩国完州葛洞遗址看中国与朝鲜半岛的交流》，《边疆考古研究》第23辑，2018年，第206—214页。
3 李在贤：《南韩出土乐浪相关遗物的现况和性格》，《乐浪的考古学》（第33届韩国上古史学会学术发表大会论文集），韩国上古史学会，2005年。
4 李健茂：《扶余合松里遗迹出土一括遗物》，《考古学志》第2辑，1990年。
5 池健吉：《长水南阳里出土青铜器、铁器一括遗物》，《考古学志》第2辑，1990年。
6 李仁淑：《韩国的古代琉璃》，창문出版社，1993年。
7 尹龙九：《对三韩的朝贡贸易的考察——考察汉代乐浪郡的交易形态和关系》，《历史学报》第162辑，历史学会，1999年。

珠形条带为主。朝鲜半岛南部发现流璃金箔玉的遗址，主要有天安清堂洞2、5、14号坟墓[1]、天安斗井洞遗址Ⅱ区5号土圹墓[2]等。遗址的年代多在公元三世纪后半期。

水晶质地多面玉主要见于高敞万洞、海南郡谷里、灵光水洞等遗址。在庆州朝阳洞、大邱八达洞[3]、浦项玉城里[4]、金海良洞里等岭南地区也有发现。且多出原三国时代后期的大型木棺墓。水晶多面玉的形制与乐浪石岩里219号墓[5]、205号墓[6]（王盱墓），其中后者墓葬随葬的漆器上有"建武"、"永平"的铭文，可确定墓葬年代为东汉中期。据此或可推测朝鲜半岛南部水晶质地的多面玉可能是受到乐浪文化影响而产生的。

崔钟奎先生根据玉石器与瓦质陶器的共存关系，将玉石器的发展划分为前后两期，前期相当于公元一世纪—公元二世纪后半期，流行琉璃质地的珠子。主要见于昌原茶户里和金海良洞里。茶户里1号墓中的琉璃珠有蓝色、黑灰色、绿色等，良洞里7号墓发现了绿色、青色、淡青色等193颗小玉珠。后期约相当于公元二世纪后半期—公元四世纪前半期，主要以水晶质地的多面型珠子为主，且遗址多见于庆尚道。在玉石器发展的前期阶段，多集中出于个别墓葬，且从墓葬中共存的其他遗物情况来看，墓主人可能在当地拥有较高的社会地位。但是到了后期，水晶质地的多面玉有向各个社会阶层扩散的趋势，可能与庆尚道富含水晶资源有关[7]。

一般认为琉璃制品最早产生于近东，并从西方传入中国，虽然具体传入时间还不明确，但是在战国时期的墓葬中已经有出土琉璃制品的例证。广州汉墓中也发现了西汉前期和中期的琉璃质地的小串珠。如广州汉墓西汉中期2060号墓、2018号墓葬中，发现了水晶质地的多面玉珠[8]。

《三国志·魏书·东夷传》记载："以璎珠为财宝，或以缀衣为饰，或

1　徐五善、权五荣、咸舜燮：《天安清堂洞第二次发掘调查报告书》，国立中央博物馆，1991年。

2　李南奭、徐程锡：《斗井洞遗迹》，公州大学校博物馆，2000年。

3　岭南文化财研究院：《大邱八达洞遗迹Ⅰ》，2000年。

4　岭南埋藏文化财研究院：《浦项玉城里古坟群Ⅰ-나地区》，1998年；岭南埋藏文化财研究院：《浦项玉城里古坟群Ⅰ-나地区》，1998年。

5　乐浪汉墓刊行会：《石岩里第二一九号墓发掘调查报告》，《乐浪汉墓》2，1975年。

6　原田淑人等：《乐浪五官掾王盱之坟墓》，刀江书院，1931年。

7　崔钟奎：《三韩考古学研究》，书景文化社，1995年。

8　广州市文物管理委员会、广州市博物馆：《广州汉墓》，文物出版社，1981年。

以县颈垂耳，不以金银绣为珍"。目前在与陶器相关的遗址中，发现较多是与文献记载中相近的水晶、玉石质地的随葬品，尚未发现金、银制成的随葬品。尽管在天安清堂洞遗址发现的琉璃玉嵌有金箔，但清堂洞遗址的年代在公元三世纪后半期，有可能较《三国志·魏书》中记载的年代要晚，另外清堂洞发现的琉璃玉镶嵌金箔是否在当地制作目前尚无证据，因此实际发现与文献记载还存在一些出入，尚待进一步考证和研究。

4. 钱币

朝鲜半岛南部发现的中国钱币主要包括半两钱、五铢钱、货泉、货布、大泉五十、小泉直一等。

五铢钱

首尔风纳土城庆堂地区 101 号竖穴 [1]：五铢钱 1 枚。"铢"的"朱"弯折部分有棱角，"五"相交部分呈"X"形。直径 2.45—2.55 厘米，郭 1 厘米 ×1 厘米。厚度 0.7—1 厘米（图 3–21，1）。

仁川云北洞 2 号居住址 [2]：五铢钱 18 枚。"五"的两线略弯曲，相交部分呈"X"形。"铢"的"金"字头呈三角形（图 3–22，10）。

仁川云南洞 B2 贝冢遗址 [3]：五铢钱 1 枚。"五"的两线略弯曲，相交部分呈"X"形。"铢"的"金"字头呈三角形。直径 2.55 厘米，郭为 1 厘米 ×1 厘米，厚 0.55 厘米（图 3–22，2）。

江陵草堂洞江陵高等学校卫生间地块 1 号居住址 [4]：五铢钱 2 枚。两枚五铢钱上下重叠，出土叠压在另一件青铜环之上。上层的五铢钱腐蚀严重，仅能看清"五"字。下层的五铢钱与青铜环黏连在一起，尚能分辨出"五"及"铢"的金字头。直径 2.8 厘米，穿孔径为 1.05 厘米 ×0.97 厘米（图 3–22，3）。

丽水巨文岛 [5]：五铢钱 336 枚。发掘报告中将五铢钱分为三类："穿上横文五铢钱" 74 枚，直径 2.48 厘米—2.66 厘米，厚 0.13 厘米—0.22 厘米，重 2.48

1 国立文化财研究所、韩信大学博物馆：《风纳土城Ⅵ》，2005 年。
2 李吉成、赵顺载（音）：《仁川白云洞遗迹》，《移住的考古学》（第 34 届全国考古学大会论文集），韩国考古学会，2010 年。
3 韩国考古环境研究所：《仁川云南洞贝冢》，2011 年。
4 江原文化财研究所：《江陵高等学校卫生间地块遗址报告书》，"江源地区文化遗迹试掘调查报告书"，2005 年。
5 池健吉：《南海岸地方汉代货币》，《昌山金正基博士花甲纪念论丛》，昌山金正基博士花甲纪念论丛刊行委员会。

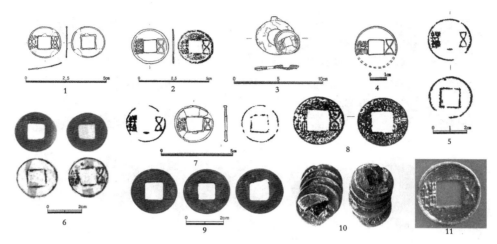

图 3-22　朝鲜半岛南部出土的五铢钱

（1. 首尔风纳土城庆堂地区 101 号竖穴；2. 仁川云南洞 B2 贝冢遗址；3. 江陵草堂洞江陵高等学校卫生间地块 1 号居住址；4. 庆山林堂洞 A-I-121 号木棺墓；5. 庆山林堂洞 E-132 木棺墓；6. 昌原外洞城山贝冢；7. 庆山林堂洞 A-I-74 号木棺墓；8. 济州山地港；9. 昌原茶户里 1 号木棺墓；10. 仁川云北洞 2 号居住址；11. 泗川勒岛 C 地区贝冢）

克——4.36 克。"五"字两笔交叉处较平直，接近直线。"铢"的"金"字头均为三角形，但三角头尖的明显程度有差异。"金"字下面的四个点较长。"朱"字头上部为方折，下部形态方折、圆折各占一半。"穿下半星文五铢钱" 52 枚，直径 1.96 厘米——2.69 厘米，厚 0.13 厘米——0.23 厘米，重 2.89 克——4.28 克。另有无特征铜钱 106 枚。直径 2.52 厘米——2.71 厘米，厚 0.11 厘米——0.19 厘米，重 2.18 克——3.34 克。五字的两笔相交处为"X"形。其余特征与上两类铜钱类似。剩余的 104 枚形制与上述铜钱类似，但因腐蚀严重，具体特征不明（图 3-23）。

济州山地港[1]：五铢钱 4 枚。直径 2.51 厘米——2.62 厘米不等，厚均 1.12 厘米左右。"铢"字的"金"字头呈较尖的三角形，下部两点略长（图 3-22，8）。

庆山林堂洞 A-I-74 号木棺墓[2]：五铢钱 1 枚。五字中间的两笔相交处略呈弯曲状，"铢"字的"金"字头呈三角形，"金"字下方的四点均较长。"朱"字头上部方折，下部略弯曲。直径 2.6 厘米（图 3-22，7）。

庆山林堂洞 A-I-121 号木棺墓[3]：五铢钱 1 枚。"五"字中间的两笔相交处略呈弯曲状，"铢"字的金字头呈三角形，"金"字下方的四点均较长。"朱"

1　李清圭：《济州道考古学研究》，"考古学丛书"10，学研文化社，1995 年。

2　韩国土地公社、韩国文化财保护财团：《庆山林堂遗址Ⅰ》，"学术调查报告"第 5 册，1998 年。

3　韩国土地公社、韩国文化财保护财团：《庆山林堂遗址Ⅵ》，"学术调查报告"第 5 册，1998 年。

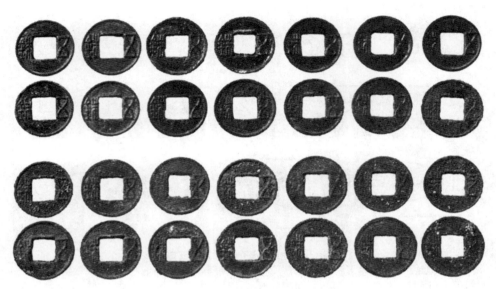

图 3–23   丽水巨文岛出土五铢钱

字头上部方折，下部略弯曲。直径 2.6 厘米（图 3–22，4）。

庆山林堂洞 E–132 木棺墓[1]：五铢钱 1 枚。"五"字中间的两笔相交处略呈弯曲状，"铢"字的金字头呈三角形，"朱"字头方折。直径 2.56 厘米（图 2–22，5）。

昌原外洞城山贝冢[2]：五铢钱 1 枚。直径 2.4 厘米。"铢"的"朱"字上半部分呈方折，下半部较圆滑。"金"字头呈三角形。发掘者推测其为中国生产。（图 3–22，6）。

昌原茶户里 1 号木棺墓[3]：五铢钱 3 枚。出土于木棺下腰坑的竹盒中。一件直径 2.5 厘米，方孔直径 0.96 厘米，重 2.9 克。"五"字两笔相交处呈"X"字形，铢的金字头呈三角形，朱字头为方形，下面是圆形。属于烧沟汉墓 Ⅱ 型五铢钱（图 3–22，9，左）。一件直径 2.55 厘米，方孔直径 1.3 厘米，重 3.25 克（图 3–22，9，中）。另外一件五铢钱特征不明显，由于破损，基本情况不明，推测可能与前两枚类似。直径 2.5 厘米，方孔直径 0.93 厘米，重 3.8 克（图 3–22，9，右）。

1   韩国土地公社、韩国文化财保护财团：《庆山林堂遗址Ⅵ》，"学术调查报告"第 5 册，1998 年。
2   崔梦龙：《西南区贝冢发掘调查报告》，《马山外洞城山贝冢发掘调查报告》，文化公报部文化财管理局，1976 年。
3   李建茂、李荣勋、尹光镇、申大坤：《义昌茶户里遗址发掘进展报告Ⅰ》，《考古学志》第 1 辑，1989 年。

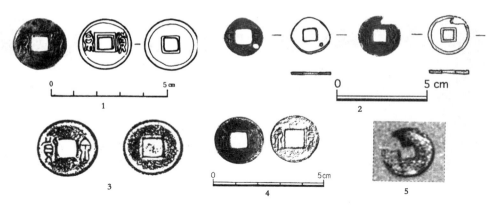

图 3–24　朝鲜半岛南部出土的货泉钱

（1. 海南郡谷里贝冢；2. 济州锦城里；3. 济州山地港；4. 济州终达里贝冢塚；5. 金海会岘里贝冢 Via 层）

泗川勒岛 C 地区贝冢[1]：五铢钱 1 枚。五铢钱的正面，郭较为突出。"五"字中间的两笔交叉处略呈弯曲状，"铢"的"金"字头呈三角形，下部的四个点略长。"朱"字头呈方折，上下均为方折。直径 2.5 厘米（图 3–22，11）。

货泉

海南郡谷里贝冢[2]：货泉 1 枚。直径 2.5 厘米，厚 0.2 厘米（图 3–24，1）。

济州锦城里[3]：货泉 2 枚。一件周缘有部分破损。直径 2.1 厘米。另一件周边磨损严重，字样模糊不清。直径 2 厘米（图 3–24，2）。

济州山地港[4]：货泉 11 枚。直径 2.14 厘米—2.29 厘米，孔径 0.63 厘米—0.79 厘米，厚 0.12 厘米—1.2 厘米（图 3–24，3）。

济州终达里贝冢[5]：货泉 1 枚。直径 2.3 厘米。周和穿部均有郭（图 3–24，4）。

金海会岘里贝冢 Via 层[6]：货泉 1 枚。推测为东汉（天凤元年，公元 41 年）左右铸造而成。直径 2.5 厘米。部分确实腐蚀较为严重，但"货"字比较明显（图 3–24，5）。

1　高久健二：《勒岛遗址出土乐浪系遗物的性格》，《三国志魏书东夷传与泗川勒岛遗址》，东亚大学校石堂传统文化研究院、东亚大学校博物馆，2005 年。

2　木浦大学校博物馆、全罗南道海南郡：《海南郡谷里贝冢Ⅰ》，"学术丛书"第 8 册；木浦大学校博物馆、全罗南道海南郡：《海南郡谷里贝冢Ⅱ》，"学术丛书"第 11 册；木浦大学校博物馆、全罗南道海南郡：《海南郡谷里贝冢Ⅲ》，"学术丛书"第 8 册；

3　济州史定立事业推进委员会：《济州大学校博物馆、济州道民俗自然史博物馆》，《济州锦城里遗址》，2001 年。

4　李清圭：《济州道考古学研究》，"考古学丛书"10，学研文化社，1995 年。

5　国立济州博物馆：《济州终达里遗址Ⅰ》，"学术丛书"第 2 册，2006 年。

6　滨田耕作、梅原末治：《金海贝冢发掘调查报告》，《大正九年度古迹调查报告》，朝鲜总督府，1920 年。

   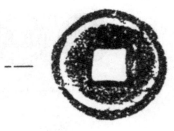

图 3-25　半两钱
（1、泗川勒岛 C 地区贝冢　2、完州上云里
乙地区 1 号坟丘墓 2 号黏土椁）

图 3-26　大泉五十
（济州山地港）

半两钱

泗川勒岛 C 地区贝冢[1]：半两钱 4 枚。直径 2.4 厘米，"两"的内部呈十字形。
（图 3-25，1）。

完州上云里乙地区 1 号坟丘墓 2 号黏土椁[2]：半两钱 1 枚。共存有金箔琉璃。
破损较严重，据称出土时尚能辨认出"两"字（仅存现场照片）（图 3-25，2）。

大泉五十

济州山地港[3]：大泉五十 2 枚。直径 2.73 厘米、2.83 厘米，厚 0.22 厘米、
0.23 厘米，穿直径 0.77 厘米、0.78 厘米，重 5.76 克（图 3-26）。

货布

济州山地港[4]：货布 1 枚。长 5.77 厘米，宽 2.19 厘米。上端有一个直径 0.53
厘米的圆孔，重 12.83 克（图 3-27）。

从上文对朝鲜半岛南部发现铜钱的梳理可以看出，目前发现的这些铜钱
均为汉代以后铸造和发行的货币。其中虽然"半两"在秦时已经开始铸造，
但在汉代仍然流行，且形制上与秦"半两"有别。

朝鲜半岛北部发现的货币种类和数量较南部为多，主要是集中在以平壤
为中心的平安道、黄海道一带的西北朝鲜地区，多见于乐浪的土圹墓中，常
见类别包括半两钱、五铢钱、货泉、大泉五十等。朝鲜半岛南部地区出土的

1　高久健二：《勒岛遗址出土乐浪系遗物的性格》，《三国志魏书东夷传与泗川勒岛遗址》，
　　东亚大学校石堂传统文化研究院、东亚大学校博物馆，2005 年。
2　金承玉、李承泰、李泽求、李宝蓝：《上云里》，"全北大学校博物馆丛书"52，全北大学
　　校博物馆、韩国道路公社，2010 年。
3　李清圭：《济州道考古学研究》，"考古学丛书"10，学研文化社，1995 年。
4　李清圭：《济州道考古学研究》，"考古学丛书"10，学研文化社，1995 年。

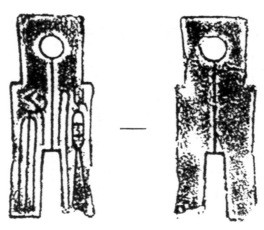

图 3-27　货布
（济州山地港）

货币虽然数量上无法与乐浪的相比，但在忠清道、庆尚道一带的内陆地区，以及汉江流域、东海岸的江原道等地都发现了汉代货币，甚至如济州、丽水等南海岸、沿海地区都有发现，分布范围广（详见表 3-4、3-5）。

五铢钱是朝鲜半岛南部发现数量最多的一类货币，占所发现货币数量的百分之九十以上。关于汉代钱币的形制分类及流行年代，中国学者一般都是参照《洛阳烧沟汉墓》的结论。书中将汉代的五铢钱按照大小和钱文样式，划分为五型。如果按照洛阳烧沟汉墓对五铢钱的形式划分，朝鲜半岛南部发现的五铢钱，五字交笔处，略弯曲，"朱"的"金"字头呈三角形，"朱"的上半部多方折，下半部略呈方折，基本与烧沟汉墓的五铢钱形制的 Ⅱ 型和 Ⅲ 型相对应。后两者的流行年代为西汉中晚期—东汉前期（图 3-28）。

货泉钱在朝鲜半岛南部西南沿海和包括济州岛在内的南海岸地区都有出土。从形制上判断其流行年代主要是王莽至光武帝建武十六年（公元 40 年）之前的西汉末期至东汉前期。白云翔先生通过对韩国出土"货泉"的研究，也认为朝鲜半岛南部出土货泉的遗存年代，大多是新莽时期或稍后，即公元一世纪前半叶，有些年代可晚至公元二世纪甚至更晚[1]。

朝鲜半岛南部出土钱币的遗迹包括墓葬、贝冢、洼地、沉船等，出有钱币的地点多是交通比较便利的沿海地区、海路或是大江大河周边，尤其集中分布在包括济州岛在内的南部沿海和海岸地区（表 3-4）。

1　白云翔：《新莽货泉的考古学论述》，《华夏考古》2020 年第 5 期，第 71—85 页。

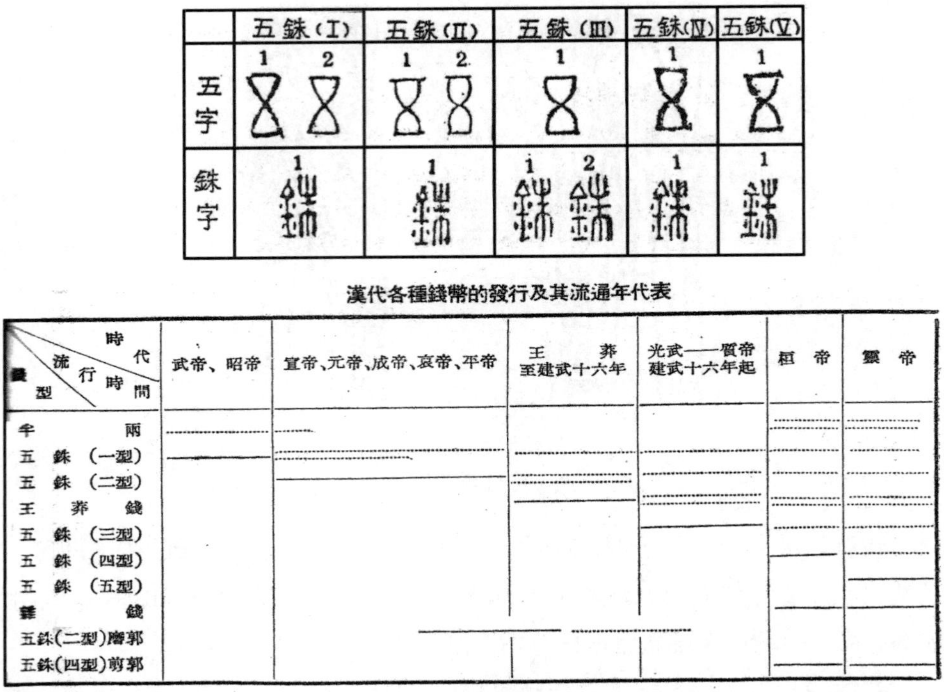

图 3-28 《洛阳烧沟汉墓》五铢钱类型式划分及汉代各种钱币的发行及其流通年代

表 3-4 朝鲜半岛南部地区货币出土地域情况

出土地	遗址性质	出土地	出土钱币
海岸及土城地区	西海岸	海南郡谷里	货泉
	南海岸	丽水巨文岛、昌原城山、泗川勒岛、金海会岘里	五铢钱、半两钱、货泉
	东海岸	江陵草堂洞	五铢钱
	济州岛	山地港、锦城里、终达里	五铢钱、货泉、大泉五十、货布
内陆沿江地区		首尔风纳土城、罗州郎洞	五铢钱、货泉
内陆地区		完州上云里、昌原茶户里、庆山灵堂、永川龙田里	半两钱、五铢钱

依据金京七：《湖南地方的原三国时代对外交流》（学研文化社，2009 年，143 页）表 5-2 改制。

　　半两钱在岛屿地区的勒岛与内陆地区的上云里都有发现。五铢钱在朝鲜半岛南部全境都有发现，也是朝鲜半岛南部发现数量最多的钱币种类。货泉只在西南沿海和南海岸地区发现，特别是在济州岛发现了"大泉五十"和"货布"等王莽时期货币共存的现象。

　　从货币出土的遗址类别来看，居住地、贝冢、墓葬等遗迹中均有出土，其中贝冢中出土的钱币最多，可能与这类遗址位于海岸边，水上运输和交通便利有关，或可据此推断这些货币很有可能是通过便捷的海上运输进入朝鲜半岛南部地区的（表3-5）。

表3-5　朝鲜半岛南部地区出土汉代金属货币遗迹类别表

遗迹类别		出土地	出土货币	数量
生活遗迹	居住地	江陵草堂洞、济州锦城里	五铢钱、货泉	4
	贝冢	海南郡谷里、金海会岘里、昌原城山、泗川勒岛、济州终达里	货泉、五铢钱、半两钱	9
墓葬	土扩墓	完州上云里	半两钱	1
	木棺墓	昌原茶户里、庆山临堂、永川龙田里	五铢钱	9
祭祀遗址及窖藏		首尔风纳土城、济州山地港	五铢钱、货泉、大泉五十、货币	19
湿地		罗州郎洞	货泉	2
沉船及其他		丽水巨文岛、济州岛出土品	五铢钱、货泉、大泉五十	996

依据金京七：《湖南地方的原三国时代对外交流》（学研文化社，2009年，143页）表5-3改制。

　　另一个值得关注的现象是，朝鲜半岛南部地区的货币在内陆地区仅出于墓葬之中，似乎暗含着其与墓主人有更加密切的关联。货币作为汉代官方铸造发行的流通货币，是汉代文化遗存中发现数量最多、分布范围最广的一类遗物，它在朝鲜半岛南部的出现，是汉文化外传和影响的一种物质体现，其出现背景与乐浪郡的设置有直接关系。但在朝鲜半岛南部公元前三世纪以后的墓葬中，用货币随葬的现象并不普见，货币在墓葬中出土的数量也远不及中原汉地多，目前所见只是集中出现在部分地区的少数墓葬中。从出土货币的墓葬来看，规模和随葬的物品种类和规格，均高于普通墓葬。例如昌原茶户里1号墓，货币与星云纹镜共存。该墓的木棺用一整根树木对劈后掏空制作而成。前文已介绍墓中出土了大量随葬品，如带漆鞘的青铜剑、青铜矛、铁犁、板状铁斧、毛笔等，墓主人的身份和地位非同一般。这也从一个侧面说明：货币在传入朝鲜半岛南部后，对货币的控制应当只限制在一部分上层阶层之中，这部分阶层可能与文化交流有一定关系。在传播过程中，货币作为贸易、商品交换媒介的功能也发生了变化，并作为等价交换物来流通使用。部分上层阶层通过朝贡贸易或是"印绶衣帻"获得了这些货币，并将此视为身份和地位的象征[1]，因而货币成为具有身份和地位的人的随葬品，被葬入墓葬之中。

综合朝鲜半岛南部发现的货币情况，参照中国中原地区汉代货币的发展规律，可以初步得出以下结论：汉代货币流入朝鲜半岛南部的时间集中在公元前二世纪—公元一世纪，即汉设四郡之后。货币在此时流入与汉置四郡的历史背景有密不可分的联系，是中原与乐浪及朝鲜半岛南部交流的直接证据。但货币在传入朝鲜半岛南部之后，其用途已经发生变化，与中原地区截然不同，并不被当作流通货币使用，而被用来作为少数具有身份和地位阶层的标识。汉代货币传入朝鲜半岛南部的路径除了通过乐浪中转之外，海上路线也是重要的途径。但同样能够得到海上交通便利的西海岸和忠清道地区，货币发现数量却较少。如果不考虑考古工作的多寡程度和考古发现的偶然性等客观因素，可能也暗示着朝鲜半岛南部的不同地区对汉式器物的认识和接纳度也有不同。

表 3-6 朝鲜半岛南部出土钱币情况一览表

地区	遗址	铜钱	共存遗物	遗址年代
江原道	江陵草堂洞江陵高等学校卫生间地基 1 号居住址	五铢钱（2）	青铜环（1）	
全罗南道	完州上云里乙地区 1 号坟丘墓 2 号黏土椁	半两钱（1）	金箔琉璃（2）	公元三世纪—公元四世纪
	海南郡谷里贝冢	货泉（1）		公元前一世纪—公元三世纪
	丽水巨文岛	五铢钱（336）		公元前二世纪—公元一世纪

1　金京七：《韩国地域出土汉代金属货币及其性格》，《湖南考古学报》第 27 辑，2007 年。

续表

地区	遗址	铜钱	共存遗物	遗址年代
济州地区	济州锦城里	货泉（2）		公元一世纪—公元六世纪
	济州山地港	铜钱（18）	铜镜残片	
	济州终达里贝冢	货泉（1）		公元前二世纪—公元二世纪
庆尚道	庆山林堂洞 A-I-74 号木棺墓	五铢钱（1）		公元前后一世纪
	庆山林堂洞 A-I-121 号木棺墓	五铢钱（1）		公元前后一世纪
	庆山林堂洞 E-132 号木棺墓	五铢钱（1）		公元前后一世纪
	泗川勒岛 C 地区贝冢	铜钱（5）	铜镞（7）	公元前二世纪—公元二世纪
	昌原茶户里 1 号木棺墓	五铢钱（3）	青铜带钩（1）、小铜铎（1）、星云纹镜（1）	公元前一世纪
	昌原外洞城山贝冢	五铢钱（1）		公元二世纪—公元五世纪
	金海会岘里贝冢 VIa 层	货泉（1）		公元前二世纪—公元六世纪

三、与汉式器物相关的其他遗物

朝鲜半岛南部发现的汉式器物以铁器、铜镜、钱币等为大宗，其形制与汉地均无二致，有相当一部分是在汉地生产之后流入朝鲜半岛地区的，严格来说应当就是汉地的器物。除上述类别外，朝鲜半岛南部部分地区还发现了汉代的铜鼎和车马器，也应当是汉地直接流入的。而部分地区发现的仿制镜，可能是受到汉式器物影响后在当地制作生产的。这类器物发现数量不多，但同样具有表征两地关系的含义，故择要介绍如下。

1. 仿制镜

仿制镜是指仿照汉式铜镜形制制作的铜镜，一般尺寸较汉式铜镜为小，制作也较为粗糙。部分仿制镜与汉式镜共存，出土于墓葬之中。也有部分仿制镜作为随葬品单独葬于墓中。

从目前发表的材料来看，仿制镜主要发现于永川渔隐洞[1]、大邱坪里洞[2]、

1　梅原末治、藤田亮策：《朝鲜古文化综鉴》第 1 卷，养德社，1934 年；国立中央博物馆、国立广州博物馆：《韩国的青铜器文化》，汎友社，1992 年。

2　尹容镇：《韩国青铜器文化研究——大邱坪里洞出土一括遗物检讨》，韩国考古学会：《韩国考古学报》第 10、11 辑，1981 年。

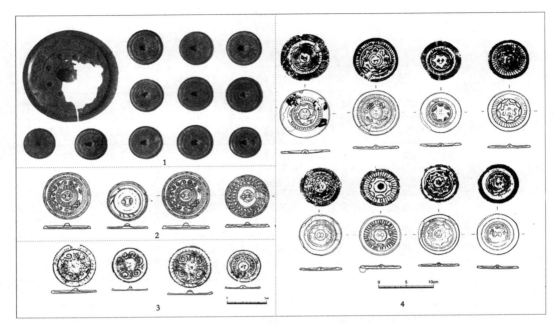

图 3–29   朝鲜半岛南部地区出土仿制镜举例
（1.永川渔隐洞；2.庆州舍罗里 M130；3.大邱坪里洞；4.金海良洞里）

金海良洞里 M162[1]、庆州舍罗里 M130[2]、灵光水洞[3] 等地。能识别出的纹饰，多为虺龙纹镜，也有少数连弧纹与规矩纹（见图 3–28）。

在永川渔隐洞、大邱坪里洞遗址中，仿制镜均与虺纹镜共存。永川渔隐洞遗址发现的铜镜有 3 枚是汉镜，包括连弧纹镜和四乳四虺镜，年代约为西汉末期至东汉初期。该遗址同时还发现了 11 枚仿制镜，其中 1 枚仿连弧纹粗纹镜、1 枚仿日光连弧纹镜和 9 枚仿日光镜。大邱坪里洞遗址有一件重圈纹日光镜与鱼隐洞遗址出土的铜镜可能为同范镜。因此两处遗址的年代可能大致相当，并且当时两地之间存在交流或物品流通。

金海良洞里 162 号墓中发现了连弧纹镜、四乳粗纹镜，以及多面仿制镜共存的现象，从铜镜组合来看，特征也与永川鱼隐洞的情况类似。从铜镜出土的位置来看，汉式镜出土于墓主人腰部的位置，仿制镜则主要处于头部位置，

1   东义大学校博物馆：《金海良洞里古坟文化》，"学术丛书" 7 辑，2000 年。
2   岭南文化财研究院：《庆州舍罗里遗迹Ⅱ》，"学术调查报告" 第 32 册，2001 年。
3   李起吉：《鸟纹青铜器和墓葬》，《博物馆新闻》，2009 年。李起吉：《新发现的灵光郡先史和古代文化——以西海岸高速公路建设区间的发掘调查为中心》，《先史和古代》16，韩国古代学会，2001 年。

说明在用途上，两种铜镜可能并不完全相同。

灵光水洞土的仿制镜包括一面连弧纹仿制镜和一面重圈纹日光镜仿制镜。遗址年代为公元一世纪后半期—公元二世纪前半期。水洞出土的两面仿制镜对原镜的仿制并不是特别精细，因此有学者认为这两面仿制镜应当是与乐浪文化不断接触并受其影响后在当地制作生产的[1]。

仿制镜的研究多集中在日韩学界，对其制作有两种不同的观点。一种认为仿制镜可能是由于公元一世纪汉式镜传入朝鲜半岛中断，作为应对策略，在当地出现了对铜镜的仿制[2]。另一种观点认为，仿制镜应当是进口自日本，属于倭镜[3]，其制作与流入过程体现出朝鲜半岛南部与日本九州地区的联系交往。但无论其真实产地在哪里，它所模仿的对象应当就是汉代常见的铜镜，这也从一个侧面反映了当时汉文化在东北亚地区的影响力。

2. 其他铜器

铜剑

全罗北道完州上林里[4]，一次性发现铜剑26件。周围没有发现其他古代遗迹和遗物。这批铜剑除个别略有残缺外，保存基本完好，形制大体相同，但在尺寸上略有差异。依照上林里铜剑最新的分析结果，这26件铜剑由不同的铸范制作而成，是在不同时间铸造后一起埋葬的[5]。白云翔先生根据铜剑的形制特征，将其定名为"圆首双箍柱茎剑"，是一种定型于春秋晚期吴越地区并流行于战国时期的铜剑类型。通过对这类铜剑在中国的出土情况、流行年代、铸剑工艺等特点的综合分析，白云翔先生指出：上林里铜剑是公元前四世纪战国中期时，由掌握陶范铸剑技术的中国工匠东渡朝鲜半岛后在当地

1　金京七：《从灵光水洞镜看被葬者的性格》，《地方史和地方文化》第8卷第2号，学研文化社，2005年。
2　姜银英：《汉镜的制作与辰、弁韩地区流入过程》，首尔大学国史学科硕士学位论文，2000年。李阳洙：《韩半岛三韩、三国时代铜镜的考古学研究》，釜山大学博士论文，2009年。
3　高仓洋彰：《汉代铜镜与东亚世界》，滕铭予译，《边疆考古研究》第3辑，科学出版社，2004年。
4　全荣来：《关于完州上林里出土的中国式铜剑——春秋末战国楚中国青铜文化传入韩国问题》，《全北遗迹调查报告》第6辑，全州市立博物馆，1976年。
5　이나경：《完州上林里铜剑的特征》，《完州上林里铜剑青铜剑的再审视》，国立全州博物馆韩国青铜器学会学术会议，第41—72页。

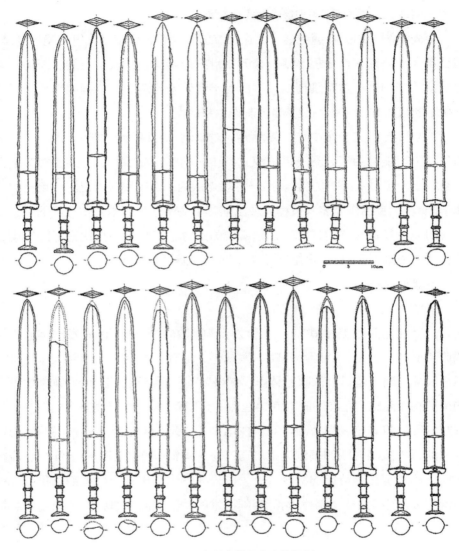

图 3-30   完州上林里出土的铜剑

制作而成的 [1]。（图 3-30）

坡州瓦洞里 [2]，1 件。仅存剑身和柄部的一部分，形制与上林里铜剑相似。剑身中部起脊，横截面呈菱形。柄部有两周突起。长 10.2 厘米，宽 4.7 厘米，厚 0.4—1.2 厘米，重 74 克（图 3-31，1）。

1   白云翔：《从韩国上林里铜剑和日本平原村铜镜论中国古代青铜工匠的两次东渡》，《文物》
     2015 年第 8 期，第 67—79 页。
2   京畿文化财研究院：《坡州瓦洞里Ⅱ遗迹》（原三国－百济以后），2011 年。

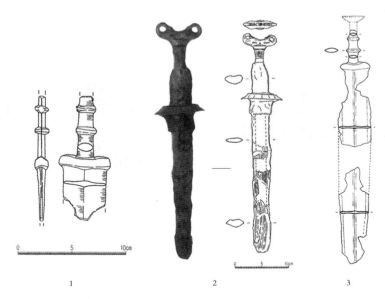

图 3–31　朝鲜半岛南部发现的铜剑
（1. 坡州瓦洞里；2. 加平达田里；3. 咸平草浦里土圹墓）

加平达田里 2 号土圹墓[1]，1 件触角式铜剑。发现时保存较为完好，剑身留有剑鞘痕迹（图 3–31，2）。

咸平草浦里土圹墓[2]，1 件触角式铜剑。剑身中部略起脊。柄部有两圈条带状突起。残存长 33.9 厘米，宽 4.4 厘米（图 3–31，3）。

铜鼎

金海良洞里 322 号木椁墓[3]，1 件。鼎盖已失，子口，口沿两侧附方形耳。圆底，蹄形足。口缘外壁饰一圈铭文，据李学勤先生考证内容为"西〇铜鼎容一斗并盖重十一第七"，年代可能在西汉晚期左右[4]。铜鼎高 17.4 厘米（图 3–32，1）。

铜印

浦项马肋里[5]，1 件。该铜印为一枚收集品，驼钮，腹部有穿孔。方形印面上阴刻"晋率善秽伯长"字样，分为上下两行，每行 3 个字。印面 2.3 厘米

1　朴成熙（音）：《庆春线加平历史福祉达田里发掘调查》，《高句丽考古学的再检讨》，第 27 届韩国考古学全国大会论文摘要集。
2　李健茂、徐声勋：《咸平草浦里遗址》，国立光州博物馆，1988 年。
3　东义大学校博物馆：《金海良洞里古坟文化》，"学术丛书"第 7 辑，2000 年。
4　李学勤：《韩国金海良洞出土西汉铜鼎续考》，《文博》2002 年第 6 期。
5　三星文化财团：《湖岩美术馆名品图录Ⅱ－古美术 2》，1996 年。

图 3-32　朝鲜半岛南部出土的铜鼎与铜印
（1. 金海良洞里 322 号木椁墓；2. 浦项马肋里）

×2.8 厘米，高 2.5 厘米。从印文字样判断，此印是晋授给秽的首长的（图 3-32）。

《三国志·东夷传》[1]记载："秽南与辰韩、北与高句丽、沃沮接，东穷大海，今朝鲜之东皆其地也。户二万。"考虑到印章征集的地点浦项也位于东海岸，属于史书记载的秽的分布范围。据李明浩先生的研究，印章中的"伯长"应当为"佰长"之误。类似的铜印在魏晋时期经常被授予塞外诸族。其年代下限为西晋武帝时期。铜印的发现表明，在西晋时期，秽人所在的领地仍然依附于中原政权[2]。

铜车马器

铜铃：

涟川鹤谷里积石冢 4 号椁，1 件[3]。球体，内有小漆珠，上置一穿孔。铜铃表面相对刻有"木"与"水"字。高 2 厘米，球体直径 1.9 厘米（图3-33，1）。

坡州瓦洞里[4]，1 件。球体，球身有两周突起的条带。上有一方形钮。球体直径 2.2 厘米，高 3 厘米，重 17 克（图 3-33，2）。

1　陈寿：《三国志》，《魏书东夷传秽》卷 30，中华书局，1957 年，第 848 页。
2　李明浩：《从朝鲜出土的汉印、晋印看古代秽人及其政治设置》，《古籍整理研究学刊》2022 年第 6 期，第 101—102 页，20 页。
3　畿甸文化财研究院：《涟川鹤谷里积石冢》，2004 年。
4　京畿文化财研究院：《坡州瓦洞里Ⅱ遗迹》（原三国－百济以后），2011 年。

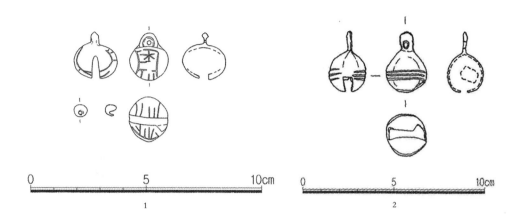

图 3-33 朝鲜半岛南部出土的铜铃
（1.涟川鹤谷里积石冢 4 号椁；2.坡州瓦洞里）

铜铎：

坡州瓦洞里[1]，2 件。其中一件器身破碎，上部附半环形钮。器身平面呈梯字形，横截面呈椭圆形。铜铎的器身两面中间均有方形纹饰区，内填斜线菱形纹。铜铎残存长 6.7 厘米，宽 5.6 厘米，重 26 克。另一件，钮座的部分残损，推测亦为半环形钮，铜铎器身两侧均有方形纹饰区。一侧的纹饰区内有两条相交斜线，斜线分割开的四个区域内饰 1—2 个乳突，另一侧的纹饰区内无斜线，仅饰乳丁状突起。器表有铸造时留下的痕迹。残存长 4.8 厘米，宽 4 厘米，重 19 克（图 3-34，1）。

清州凤鸣洞 IV 地区 A 地区 52 号墓[2]，2 件。上附一横钮。器身横截面呈梯字形。正面刻有"大吉"字样，四周饰一周连珠纹。背面仅饰连珠纹，无字样。铎内有铃舌。高 6.9 厘米，宽 5 厘米（图 3-34，2）。

永川龙田里木棺墓[3]，1 件。铎正反面有纹饰，其中一面饰斜线交叉纹。内有铃舌。长 3.4 厘米，宽 3 厘米，重 24.8 克（图 3-34，3）。

庆州朝阳洞 5 号木棺墓[4]，2 件。上有半环形钮，附一穿孔。铎身平面呈梯形，横截面呈椭圆形。一件表面有以四条横线、六条纵线相交形成的若干小方格纹。长 5.3 厘米，宽 4.5 厘米。另一件表面饰两格斜向相交的十字纹。长 4.85 厘米，

1 京畿文化财研究院：《坡州瓦洞里Ⅲ遗址》，《原三国时代——百济时代以后》，2011 年。
2 忠北大学校博物馆：《清州凤鸣洞遗址Ⅱ》，"学术调查报告"第 106 册。
3 国立庆州博物馆：《永川龙田里遗址》，"学术调查报告"第 19 册，2007 年。
4 国立庆州博物馆：《庆州朝阳洞遗址Ⅱ》，"学术调查报告"第 11 册，2003 年。

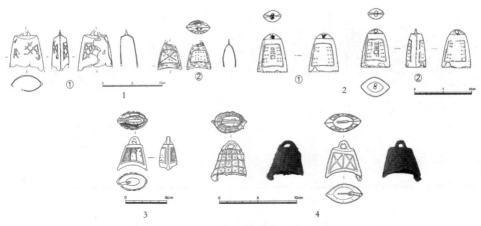

图 3-34   朝鲜半岛南部出土的铜铎
（ 1.坡州瓦洞里；2.清州凤鸣洞；3.永川龙田里；4.庆州朝阳洞 ）

宽 4.6 厘米（图 3-34，4）。

盖弓帽

星州礼山里[1]，2 件。两件大小有差。小的一件，头部呈圆形，器身上端横截面呈圆形。柄部横截面呈六角形，中空。大的一件，头部与第一件类似，柄部保存较前一件完好。柄部中空，横截面略呈圆形（图 3-35，1）。

青铜镞

完州葛洞遗址 3 号墓[2]，3 件，形制相类中脊突起，左右两侧有两翼，铤部有銎孔。翼尖部分折损。长 3.5 厘米—4.1 厘米，宽 1.4 厘米—1.6 厘米（图 3-35，2）。

完州新昌洞低湿地[3]，1 件。镞身横截面呈三角形。铤较长，外被铁茎锈蚀包裹。长 6.2 厘米，上端铜镞部分长 2.8 厘米（图 3-35，3）。

青铜弩机

永川龙田里木棺墓[4]，1 件。通体用青铜制成，望山、悬刀部分附一层金箔。郭长 8.3 厘米，宽 2.65 厘米（图 3-35，4）。

1   庆尚北道文化财研究院：《星州柏田礼山里土地区划整理事业地区内文化遗址发掘调查报告书》，"学术调查报告"第 48 册。
2   湖南文化财研究院、益山地方国土管理厅：《完州葛洞遗址》，"学术调查报告"第 46 册，2005 年。
3   国立光州博物馆：《光州新昌洞低湿地遗址》，"学术丛书"第 33、41、49 册，1997 年、2001 年、2003 年。
4   国立庆州博物馆：《永川龙田里遗址》，"学术调查报告"第 19 册，2007 年。

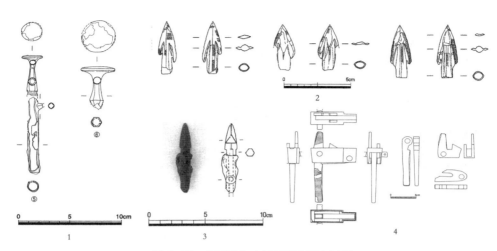

图 3-35　朝鲜半岛南部发现的铜车马器

（1. 星州礼山里；2. 完州葛洞遗址 3 号墓；3. 完州新昌洞低湿地；4. 永川龙田里木棺墓）

铜饰件

青铜环：涟川鹤谷里积石冢 2 号椁[1]发现 1 件。直径 2.15 厘米，厚 0.15 厘米（图 3-36，1）。

小型装饰品，均出自加平大成里原 10 号居住址[2]（图 3-36，2）。

铜泡：1 件。器身上端有一穿孔，反面有两条横穿。平面呈椭圆形。长 2.5 厘米，宽 1.6 厘米，壁厚 0.2 厘米，重 4 克。

铜管：3 件。横截面呈长方形，两端略有收缩。三件铜管分别长 2.2 厘米、2.1 厘米、2.2 厘米，宽均为 1.3 厘米，重量分别为 5 克、4 克、2 克。

铜钏：1 件。破损较严重，仅存一小段。残存长 3.3 厘米，重 1 克。

铺首：首尔风纳土城 197 号地点乙 37 号竖穴[3]。正面浅浮雕兽首图案，嘴部衔环。因报告未正式刊布，具体尺寸不明（图 3-36，3）。

带钩：天安清堂洞 20 号周沟木椁墓[4]。地带钩整体呈 S 形，器身中部有一钮。总长 14.45 厘米，最宽处 1.39 厘米，钮直径为 1.9 厘米（图 3-36，

1　畿甸文化财研究院：《涟川鹤谷里积石冢》，2004 年。

2　京畿文化财研究院：《加平大成里遗迹》，2009 年。

3　《2008 年风纳土城 197 番地第 5 次发掘调查》，《首尔京畿地区文化遗迹调查成果》，2008 年度首尔京畿地区遗迹调查发掘会。

4　韩永熙、咸舜燮：《天安清堂洞第 4 次发掘调查报告》，《清堂洞》，"古迹调查报告"第 25 册，国立中央博物馆。

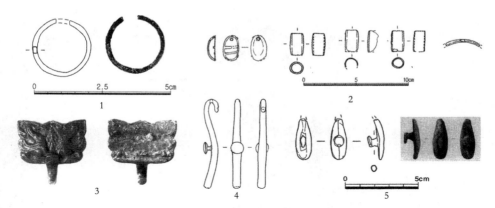

图 3-36　朝鲜半岛出土的青铜装饰件

（1. 青铜环；2. 小型装饰品；3. 铺首；4—5. 带钩）

（1. 涟川鹤谷里积石冢 2 号椁；2. 加平大成里原 10 号居住址；3. 首尔风纳土城 197 号地点乙
37 号竖穴；4. 天安清堂洞 20 号周沟木椁墓；5. 庆山新岱里 55 号木棺墓）

41）。庆山新岱里 55 号木棺墓[1]。上半部残缺，形制不明。残存的部分平面呈
椭圆形。背附一钮。残存长 3.2 厘米（图 3-36，5）。

　　朝鲜半岛南部发现的铜车马器、铜饰件、铺首、带钩等多与中原地区青
铜时代的形制类似。一则由于这类器物的形制变化并不明显，二则说明，如
果需要追溯源头，可能还可以到年代更早时期的中原地区寻找。

　　多数研究者长期认为秦开所破之胡为东胡，但王建新先生根据东胡活动
的范围，以及史书记载常有胡貊部分的情况分析认为，秦开东征的对象很可
能是活动于燕国以东，活跃于辽西、辽河平原的貊人[2]。经秦开一役，貊人余
众迁往辽东、朝鲜半岛西北部和西南部，箕子朝鲜在此前后也被迫迁往朝鲜
半岛西北部[3]。貊人所迁入的朝鲜半岛西南部即为后来马韩的分布范围。据王
建新先生考证，马韩可能是韩侯国迁入朝鲜半岛后的称谓[4]。朝鲜半岛出土的
具有中原遗风的青铜戈、铜铃可视为这一人群迁徙的物证。

　　铜车马器和铜铃在朝鲜半岛北部发现较多，在朝鲜半岛南部，仅见于忠

1　岭南文化财研究院：《庆山新岱里遗址 I》，"学术研究报告"第 176 册，2010 年。
2　王建新：《汉魏时期的濊人与貊人》，《徐苹芳先生纪念文集》，上海古籍出版社，2012 年，
　　第 524—537 页。
3　赵凌烟：《箕子朝鲜的考古学探索》，西北大学硕士学位论文，2016 年，第 119 页。
4　王建新：《汉魏时期的濊人与貊人》，《徐苹芳先生纪念文集》，上海古籍出版社，2012 年，
　　第 524—537 页。

清南道、庆尚北道，且形制很小。其背后可能有更深刻的原因[1]。

由于朝鲜半岛北部地区与中原地区的联系更为紧密，更能充分接受中原地区的遗风，直至乐浪郡的设置，以政治制度将这种联系和交流固定下来。而朝鲜半岛南部地区，不仅地理位置更为偏远，与汉地文化的交流也是一种单向并且松散的模式，并没有受到郡县制度的约束和保障。因此这些代表中原战国以前文化影响的器物仅是少量发现于朝鲜半岛南部地区。南北两个地区对中原文化的接纳，影响到了青铜时代之后的初期铁器时代乃至原三国时代。

第四节　小结

两汉时期，随着乐浪四郡的设置，朝鲜半岛南部地区以乐浪四郡为桥梁，同汉王朝建立起了联系。尤其是在当时东北亚各地联系和交流日趋兴盛的历史背景之下，朝鲜半岛南部地区同汉文化发生了广泛的交流。这个交流体现在两个方面：一方面是汉式器物的传入。如铁器、铜镜、铜钱与玻璃器等。在朝鲜半岛南部地区都能找到与中原地区相似的器物。只不过这些器物再传入到南部地区后，在功能上发生了变化。例如，钱币并不是流通货币，而可能是作为象征身份和地位的物品随主人下葬的。铜镜也可能并非实用器，在沿海贝冢中发现的铜镜可能是用于祈福的。二是生产技术的传入，促使当地的制造业得到了发展。尤其是冶铁技术的传入，促使了半岛北部地区农业生产水平的提高，庆州地区甚至出现了专门化的铁器生产集团。而汉式器物在传入三韩地区之后，当地出现了一些仿制品，例如仿制镜的制作和使用，形成了一定的地方特色。

朝鲜半岛南部与汉王朝之间的联系和交流，与半岛北部直接处于汉王朝的郡县统治之下完全不同。半岛北部的乐浪郡由于受中央政权管辖，因此所受到的汉文化影响更为直接。朝鲜半岛南部所受到的外来文化的影响，主要来自两个方面，即乐浪和中国中原。通过远距离运输或是朝廷贸易，朝鲜半岛南部与乐浪和中国中原之间实现了物质的流通、技术的传入和居民的移动。

1　王建新：《濊人与倭人》，《北京论坛（2004）文明的和谐与共同繁荣："东亚古代文化的交流"考古分论坛论文集》，北京大学出版社，2004年，第137—155页。

　　目前在朝鲜半岛南部发现的汉式器物主要集中在朝鲜半岛东南部地区，约相当于史书所载的辰韩和弁韩地区，而地处西部的马韩地区发现相对较少。这从一个侧面反映出当时三韩各国与汉王朝之间联系的差异。

　　另外，在岭南地区还可见到与中国东北地区交流的遗物，包括触角形铜剑、铸造铁镢等。暗示着朝鲜半岛接受汉地的影响可能有多条路径。

第四章　结语

　　前文通过考古学材料的对比，将朝鲜半岛北部和南部文化发展与中国中原地区的关系进行了分析和探讨。可以看出，中原文化对朝鲜半岛的影响在乐浪郡的设置之前已经开始。但乐浪郡的设置使得汉文化的浪潮席卷了整个朝鲜半岛。由于地理位置的原因，以及受中原汉王朝统治政策的约束，朝鲜半岛北部和南部接受汉文化的程度存在较大不同。两地之间的影响，可以时间发展为主线，进行分时期的纵向梳理。

第一节　战国晚期—乐浪郡设置

　　这一时期的汉式器物，在朝鲜半岛南部主要集中分布在西南部，即马韩地区。根据《三国志·魏书·东夷传》的记载，随着古朝鲜的灭亡，古朝鲜的移民移居到了朝鲜半岛东南部地区，即所谓的辰韩地区。但这里却基本不见乐浪郡设置之前战国晚期前后的汉式器物。

　　与之形成鲜明对比的是，马韩地区扶余松菊里、唐津素素里、完州葛洞、完州新丰等地却发现了受到中原文化影响而产生的器物，如完州新丰的中国式青铜剑、完州葛洞的铁镰、玻璃、益山平章里战国时期蟠螭纹镜。其中以铁器为代表的生产工具，如铁斧、镰刀等，均与战国晚期中国东北地区及朝鲜半岛北部发现的完全一致，并且以农业生产工具为主，剑或矛等武器类用品较少。据此可推测这类战国铁器应当是从战国晚期的燕国传入的，并且可能主要用于日常的生产生活。如上文关于秦开所破之族为"貊"的推测可信，那么马韩地区居住的居民应当包括貊人余众及此前流亡的箕子朝鲜。这部分居民接受了来自战国时期铁器文化的影响，甚至可能有一部分长江流域的工匠东渡到朝鲜半岛，与当地的文化结合，使得位于朝鲜半岛中西部地区的马韩与当时的中国联系更加紧密，并且有可能出现了与汉地不同地区居民之间的文化交流。

从朝鲜半岛南部发现数量最多的汉式器物——铁斧的分布来看，也较为集中地出现在庆州地区，如八达洞、蔚山、临堂、勒岛等地。铸造铁斧的特点与中国东北地区多个遗址发现的铸造铁斧相同。依照铁斧在中国的形制演变，此类铸造铁斧的形制在年代上较早，在东北及燕文化分布区主要见于战国晚期。这些铸造铁斧也是岭南地区发现的年代较早的铁器。可见即便是在乐浪郡设置之前，朝鲜半岛的东南部地区已经有战国时期的铁器出现。韩国学者分析从勒岛地区发现的具有乐浪特征的陶器，有的认为这些陶器是在乐浪郡设置之前的公元前二世纪左右从辽东地区传入的。两地之间的交流以当时代表先进生产力的铁质生产工具为起始，为此后更为广泛的物质文化交流奠定了基础。

第二节　乐浪郡设置之后的西汉时期

公元前 108 年，汉武帝设立乐浪郡。这一历史事件，影响到了东北亚地区的政治、经济和文化。不仅使朝鲜半岛北部纳入汉朝的中央政府统治，对朝鲜半岛南部社会的发展也产生了重要影响。朝鲜半岛南部以乐浪郡为媒介与中国的东北地区产生了直接的文化联系，以铁器为代表的先进生产技术和文化的传入，为朝鲜半岛南部的发展带来了新的契机。特别是在岭南地区的辰韩、弁韩，以新的青铜器和铁器生产技术为基础，加之当地丰富的矿产资源和地理优势，不断发展壮大。

乐浪郡设置之后的西汉时期，是当时中国与朝鲜半岛交流最频繁的时期。表现在汉式器物在朝鲜半岛的广泛出现，数量和种类也较前一阶段有所增加。汉武帝时期的五铢钱、西汉时期多件连弧铭文镜等，成为这一时期汉式器物的代表。

朝鲜半岛西南部的岭南地区流行木棺墓。汉式器物多见于墓葬中。这些器物有些是从汉地直接传入的，但在这一时期，此前主要集中在马韩地区的青铜器文化中心转移到了辰韩所在的岭南地区。在这一变化的背景下，岭南地区的青铜器与铁器文化一起发展，铁器被广泛应用于普通的生产生活，而青铜武器类逐渐演变为仪式用品[1]。

从发现汉式器物的分布区域来看，也多见于辰韩地区。似乎暗示着在乐浪郡设置之后，辰韩地区在与乐浪建立广泛联系的过程中，与汉地的交流更加频繁，受后者器物或文化传播的影响更深。岭南地区发现了大量汉式铜镜、铜钱、青铜车马器等。在岭南地区发现的仿制镜，其模仿的形制造型与汉镜一致，只是在装饰纹样上体现出了不同的特点。日本发现的小型仿制镜，也可视为汉地、朝鲜半岛、日本列岛之间频繁交流的佐证。有学者指出，岭南地区颇具地域特色的虎形和马形带钩的原型可以看作是斯基泰－西伯利亚系，但使用钩或钮的方法应当是受汉代带钩的直接影响[2]。

西汉时期的汉式器物在朝鲜半岛西南部主要位于洛东江和琴湖江流域、南海岸沿岸等主要水路交通线上。可见在当时除了陆地交流外，海上或水路交流应当也是重要通道。

第三节　西汉末—东汉时期

西汉末期以后，汉朝与朝鲜半岛的交流仍在继续，朝鲜半岛发现王莽时期的货币，以及流行于西汉晚期以后的铜镜便是例证。但与前一阶段相比，这一时期的汉式器物在数量上有所减少，分布地域也不及原先广泛。以铜镜为例，仅在庆尚南道的金海市有少量发现，种类主要有规矩镜、鸟兽纹镜、素连弧纹镜等。最早发现汉式铜镜的马韩地区几乎不见西汉晚期以后的铜镜，而曾经发现有大量西汉中晚期汉式铜镜的庆尚北道庆州地区，少见晚于西汉晚期的铜镜。新莽以后的铜钱也只在辰韩、弁韩的海岸地区发现。由此可见，在西汉末期以后，汉地与朝鲜半岛的交流路径可能发生了变化，这或许也与朝鲜半岛三韩之间的力量强弱有关。辰韩、弁韩在与汉地建立广泛交流后，

1　李在贤：《辰韩、弁韩出土外来文物的性质——以中国（乐浪）与日本为中心》，《韩国出土外来遗物：初期铁器时代——三国时代》，韩国文化财调查研究机关协会，2011年。

2　金九君：《虎形带钩的形式分类与编年》，《庆北大学考古人类学二十周年纪念论丛》，2000年。

青铜和铁器制造业都得到了极大发展，尤其是铁器生产技术的提高，使得辰韩在三韩中的势力渐强。反观之下，马韩与汉地的交流减少，几乎不见东汉以后的汉式器物。

在这一阶段，值得引起关注的是位于朝鲜半岛东南部的庆尚南道地区。如前所述，金海地区发现了大量西汉末期的铜镜，同时在良洞里等地的墓葬中随葬有在样式上仿照汉式铜镜、在当地生产的仿制镜。仿制镜的出现，体现出当地居民对于汉文化的认同与接纳。通常随葬铜镜的墓主人，在社会财富、地位、等级身份上较高，这部分人对于汉文化的接受程度显然也更高。尽管仿制镜的铸造还十分粗劣，但从生产技术的角度来看，已经有少部分当地居民掌握了一定的铜镜铸造技术。目前还不知道掌握这部分技术的人员是当地土著还是流入到当地的汉人，但技术的掌握对于推动一个地区的生产制造水平无疑是最为重要的。

如果说在西汉中期以后朝鲜半岛出现的大量铜镜、铜钱等汉式器物可能是物品的直接流入，那么到了西汉末期以后，随着当地人们对于铸造技术的掌握，在汉式器物的影响下，出现了以汉式器物为模本、以当地生产为主的物品。由此折射出两地之间的交流不仅限于物质层面，人员的流动、技术的借鉴、生产水平的提高同样也是汉文化影响朝鲜半岛的客观体现。

东汉末期，随着汉朝中央政府统治力量的减弱，对于边疆地区的管理已是力所不及。公孙氏割据辽东，并另领有乐浪郡，形成割据政权。公元204年，公孙康分乐浪郡南部设带方郡。此后乐浪、带方二郡辖境多有变动，直至西晋末年被高句丽侵占。目前在朝鲜半岛发现一些年代晚至魏晋时期的遗物，可能是通过东汉之后的带方郡、乐浪郡传入的。

第四节　小结

在中国，自公元前202年刘邦建立西汉王朝到公元220年曹魏代汉，汉王朝的统治延续达400多年。而此时的朝鲜半岛，半岛北部是从卫满朝鲜建立经汉郡到高句丽前期，半岛南部则是"三韩"时期，也称为"原三国时代"，是整个半岛由氏族到国家的重要转折时期。由于半岛南北部在经济、文化等方面存在较大差异，与中原的关系有别，所受到汉文化的影响、与汉文化的交流方式也都有差别，因此上文主要从半岛北部和南部两方面各自与汉文化的关系进行了讨论。

根据朝鲜半岛南北地区与汉文化关系的差异，以及所受到汉文化影响的不同模式，可以将汉文化在朝鲜半岛的传播和分布划分为南北两大区域，北部区域是以乐浪郡为中心的朝鲜半岛北部汉文化影响核心区域，南部区域是三韩所在的朝鲜半岛南部汉文化影响辐射区域。

朝鲜半岛北部地区，由于汉置郡县的设立，直接纳入汉王朝统治，形成了以乐浪郡辖区为中心的汉文化影响核心区域。地方长官由汉人直接担任，接受来自汉地的遣使和馈赠。在考古学面貌上表现为高级别的墓葬使用汉式墓葬形制、汉式器物大量出现。可以说，政治上的隶属关系，是乐浪汉墓，尤其是高级别乐浪汉墓中出现汉式器物最直接的原因。与此同时，由于中原移民的大量涌入，将汉朝的生产技术、制作工艺等带到半岛北部地区，给当地土著文化造成了强烈的冲击和影响。

《汉书·地理志》记载："玄菟、乐浪，武帝时置，皆朝鲜、秽、貊、句丽蛮夷。殷道衰，箕子去之朝鲜，教其民以礼义、田蚕、织作。"可见当时的民众已经接受了汉文化的耕织技术，并且学习汉人的礼仪教养。乐浪土著墓葬中出现的汉式器物从另一个侧面反映出，在受到政治影响之外，普通民众出于经济、贸易和心理认同等原因，开始了一些民间交流和往来。半岛北部的土著居民对于汉民的迁入也并没有表现出强烈的抵抗，相反，由于传统的历史沉淀和与中原的密切交往，土著居民对汉民族与汉文化形成了强烈的认同感，与中原移民迅速融合[1]。

中原地区汉文化进入朝鲜半岛北部地区之后，又以半岛北部地区为桥梁，继续向朝鲜半岛三韩地区辐射和传播，由此在朝鲜半岛南部地区形成了汉文化影响辐射区域。汉文化给朝鲜半岛南部的政治、经济、文化等各方面带来了新的发展契机，推动了三韩地区的历史发展进程。

朝鲜半岛南部地区汉文化的传入，在考古学材料上表现在汉式器物，如铁器、铜镜、铜钱，以及玻璃器等在朝鲜半岛南部地区都能找到与中原地区相似的器物。虽然个别汉式器物在汉置郡县之前就已经出现，但仅是个别物

1　苗威：《朝鲜半岛上古史的特点》，《黑龙江社会科学》2015 年第 2 期。

品的移动。汉式器物大规模在半岛南部地区出现，应当是汉置郡县之后。在物资流通的同时，汉朝的生产技术也传入到朝鲜半岛南部地区，促使当地手工业迅速发展。尤其是冶铁技术的传入，使得半岛南部的铁质农具、武器数量极大增加，农业生产技术有了很大提高。另外，根据文献记载，中原移民的到来还给当时的三韩地区带来了种植、养桑蚕、作绵布等技术方法，例如马韩人"知田蚕，作绵布。出大栗如梨，有长尾鸡，尾长五尺"；辰韩"土地肥美，宜五谷，知蚕桑，作缣布，乘驾牛马"[1]，也有一部分民众通过乐浪郡归依汉王朝，文献记载"东夷韩国人率众诣乐浪内附"[2]。其中的东夷就是当时的三韩。正是在与汉文化不断接触的过程中，三韩地区加快了文明化进程，为逐渐向百济、新罗国家的发展奠定了基础。

朝鲜半岛北部与中国陆地相连，西隔黄海与中国辽东半岛、山东半岛、东南沿海等地区隔海相望，因此朝鲜半岛与汉地的联系也有两条途径。一为陆路线路，从中原地区出发，经由京津唐地区、辽西走廊、辽东半岛可以直接进入朝鲜半岛北部地区，进而进入朝鲜半岛南部地区。这条陆路贸易线路应当是传播的主要途径。二为海路线路，汉代时人们已经较为熟练地掌握了航海技术，并具备一定的造船技术，因此辽东半岛、朝鲜半岛与东南沿海之间可能存在海路联系。海路贸易路线的建立和加强，也在一定程度上推动了半岛北部和南部的经济发展。

最后需要指出的是，汉文化在传播到朝鲜半岛南部之后，经过与当地文化的交流和融合，又通过朝鲜半岛南部沿海地区和日本九州之间形成的小规模地区相互关系网影响到了日本列岛地区，在日本九州地区发现了与辰韩、弁韩以及乐浪相关的遗物[3]，可见这一时期的文化交流与联系也推进了日本列岛的社会发展和变革。从这个意义上说，本书中所主要述及的朝鲜半岛北部和南部地区其实只是受到汉文化影响的东北亚部分区域。汉文化向更外围地区的传播和辐射的情况，还需要进一步探讨日本列岛地区的材料，这也是本书将来需要努力和完善的方向。

---

1 《后汉书·东夷列传》，中华书局，1965 年。
2 《后汉书·光武帝纪》，中华书局，1965 年。
3 吴江原：《韩国古代文化与乐浪文化的相互作用以及东亚细亚》，《东方考古》第 11 集，科学出版社，2015 年。

参考文献

文献类：

《汉书》，中华书局，1962 乞。

《后汉书》，中华书局，1965 年

《三国志》，中华书局，1965 年。

发掘报告（简报）类

安英俊：《咸镜南道新发现的与细型铜剑相关的遗迹和遗物》，《考古美术》第 4 辑，1966 年。朴镇煜：《咸镜南道一带古代遗址调查报告》，《考古学资料集》4，社会科学出版社，1977 年。

朝鲜科学院考古学及民俗学研究所：《台城里古坟群发掘报告》，"遗迹发掘报告"5，科学院出版社，1959 年。

朝鲜社会科学院考古研究所：《乐浪区域一带的古坟发掘报告》，"考古学资料集"6，科学百科词典出版社，1983 年。

池健吉：《长水南阳里出土青铜器、铁器一括遗物》，《考古学志》第 2 辑，1990 年。

尹德香：《南阳里发掘调查报告书》，全北大学校博物馆，2000 年。

林孝泽：《内德里遗迹》，《金海的古坟文化》，1998 年。

广州市文物管理委员会等：《广州汉墓》，文物出版社，1981年。

国立庆州博物馆：《庆州朝阳洞遗址I》，2000年。

国立庆州博物馆：《庆州朝阳洞遗址II》，2003年。

崔钟圭：《朝阳洞4次调查概报》，《三韩考古学研究》，书景文化社，1995年。

国立文化财研究所：《金海良洞里古坟》，1989年。

东义大学校博物馆，《金海良洞里古坟文化》，2000年。

东义大学校博物馆：《金海良洞里古坟群》，2008年。

韩国文化财保护财团：《庆州隍城洞遗迹I》，2003年；岭南文化财研究院：《庆州城隍洞575番地古坟群》，2010年。

韩国文化财保护财团：《庆山林堂遗址VI》，1998年。

湖南文化财研究院：《完州葛洞遗址》，2005年；湖南文化财研究院：《完州葛洞遗址II》，2009年。

金元龙：《加平马场里冶铁住居址》，《历史学报》第50、51辑，1971年。

李健茂：《扶余合松里遗迹出土一括遗物》，《考古学志》第2辑，1990年。

李健茂：《庆州隍城洞遗迹发掘调查报告》，"国立博物馆古迹调查报告"第17册，1985年。

李健茂：《唐津素素里遗迹出土一括文物》，《考古学志》第3辑，1991年。

李健茂等：《昌原茶户里遗址发掘进展报告》，《考古学志》第1辑，1989年。

李健茂等：《昌原茶户里遗址发掘进展报告》，《考古学志》第3辑，1991年。

李健茂等：《昌原茶户里遗址发掘进展报告》，《考古学志》第5辑，1993年。

李健茂等：《昌原茶户里遗址发掘进展报告》，《考古学志》第7辑，1995年。

李南奭、徐程锡：《斗井洞遗迹》，公州大学校博物馆，2000年。

李起吉：《鸟纹青铜器和墓葬》，《博物馆新闻》，2009年。

李起吉：《新发现的灵光郡先史和古代文化——以西海岸高速公路建设区间的发掘调查为中心》，《先史和古代》16，韩国古代学会，2001年。

临沂文物组：《山东临沂金雀山一号墓发掘简报》，《考古学辑刊》，社会科学出版社，1981年。

岭南埋藏文化财研究院：《浦项玉城里古坟群I– 나地区》，1998年；岭南埋藏文化财研究院：《浦项玉城里古坟群I– 나地区》，1998年。

岭南文化财研究院：《大邱八达洞遗迹Ⅰ》，2000 年。

密阳大学博物馆：《密阳校洞遗址》，2004 年。

南京博物院：《江苏仪征石碑村汉代木椁墓》，《考古》1966 年第 1 期。

南京市博物馆：《江苏盱眙东阳汉墓》，《考古》1979 年第 5 期。

南京市博物馆：《江苏仪征烟袋山汉墓》，《考古学报》1987 年第 4 期。

朴镇煜：《咸镜南道一带古代遗迹调查报告》，《考古学杂志》4。

庆南发展研究院历史文化中心：《老圃洞遗址》，2007 年。

庆南考古学研究所：《金海会岘里贝冢Ⅰ》，2009 年；三江文化财研究院：《金海会岘里贝冢Ⅱ》，2009 年。

全荣来：《锦江流域青铜器文化圈新资料》，《马韩百济文化》第 10 辑，1987 年。

魏坚等著：《内蒙古中南部地区汉代墓葬》，中国大百科全书出版社，1998 年。

徐五善、权五荣、咸舜燮：《天安清堂洞第 2 次发掘调查报告书》，国立中央博物馆，1991 年。

徐五善、咸舜燮：《天安清堂洞第 3 次发掘调查报告》，国立中央博物馆，1992 年。

韩永熙、咸舜燮：《天安清堂洞第 4 次发掘调查报告》，国立中央博物馆，1993 年。

许玉林：《辽宁盖县东汉墓》，《文物》1993 年第 4 期。

扬州市博物馆等：《江苏省邗江胡场五号汉墓》，《文物》1981 年第 11 期。

浙江省文物管理委员会：《浙江绍兴漓渚东汉墓发掘简报》，《考古》1966 年第 1 期。

郑仁盛等：《岭南地区原三国时代木棺墓》，学研文化社，2012 年。

中央文化财研究院：《论山院北里遗迹》，2001 年。

金元龙：《庆州九政里出土的金石并用遗物》，《历史学报》第 1 辑，1952 年。

北京市文物工作队：《北京怀柔城北东周两汉墓葬》，《考古》1962 年第 5 期。

南京博物院：《江苏扬州七里甸汉代木椁墓》，《考古》1962 年第 8 期。

黄基德：《黄海北道凤山郡松山里松木洞围石墓》，《考古学资料集》4，1974 年。

黄基德：《最近新获琵琶形短剑和窄型铜短剑及相关遗迹遗物》，《考古学资料集》4，1974 年。

山东省博物馆等：《临沂银雀山四座西汉墓葬》，《考古》1975 年第 6 期。

辽宁省博物馆文物队：《辽宁朝阳袁台子西汉墓 1979 年发掘简报》，《文物》1990 年第 2 期。

徐五善：《天安清堂洞及安城出土一括遗物》，《考古学志》第 2 辑，1990 年。

研究论文（专著）类

白云翔：《先秦两汉铁器的考古学研究》，科学出版社，2005 年。

成正镛、南宫丞：《益山莲洞里盘龙镜和马韩的对外交涉》，《考古学志》第 12 辑，韩国考古美术研究所，2001 年。

崔盛洛：《湖南地区初期铁器时代和原三国时代的研究现况和展望》，《湖南考古学报》第 45 辑，2013 年。

崔钟奎：《三韩考古学研究》，书景文化社，1995 年

冈村秀典：《后汉镜的编年》，"国立历史民俗博物馆研究报告"第 55 辑，国立历史民俗博物馆，1993 年。

冈村秀典：《前汉镜的编年样式》，《史林》67-5，史学研究会，1984 年。

高仓洋彰：《汉代铜镜与东亚世界》，滕铭予译，《边疆考古研究》第 3 辑，科学出版社，2004 年。

高久健二：《乐浪古坟文化研究》，学研文化社，1995 年。

高久健二：《乐浪郡和三韩的交涉形态——以三韩地区出土的汉式遗物和非汉式遗物的检讨为中心》，《文物研究》创刊号，财团法人东亚细亚文物研究学术财团。

郭物：《第二群青铜、铁镀研究》，《考古学报》2007 年第 1 期。

韩国国立庆州博物馆：《菊隐 李养璿 麃集文化财》图录，1987 年。

韩国考古学会：《韩国考古学讲义》（第三版），2016 年。

姜银英：《汉镜的制作和辰、弁韩地区流入过程》，首尔大学硕士学位论文，2000 年。

蒋璐：《北方地区汉墓的发展阶段及其特点》，《社会科学战线》2015

年第 10 期。

金度宪：《对三韩时代铸造铁斧的流通样相的检讨》，《岭南考古学》第 31 辑，岭南考古学会，2002 年。

金吉植：《三韩地区出土乐浪相关遗物》，《乐浪》，国立中央博物馆，2001 年。

金京七：《从灵光水洞镜看被葬者的性格》，《地方史和地方文化》第 8 卷 2 号，学研文化社，2005 年。

金京七：《湖南地区原三国时代的对外交流》，学研文化社，2009 年。

金京七：《韩国地域出土汉代金属货币及其性格》，《湖南考古学报》第 27 辑，2007 年。

金奎浩（音）（김규호）等：《完州葛洞遗址出土琉璃化学性考察》，《完州葛洞遗址》，湖南文化财研究院，2005 年

金元龙：《韩国考古学概说》（初版），首尔：一志社，1973 年。

金元龙：《韩国考古学概说》（第三版），首尔：一志社，1986 年。

金壮锡：《湖西和西部湖南地区初期铁器时代——原三国时代的编年问题》，《湖南考古学报》2009 年第 3 期。

金壮锡：《中地区格子纹打捺陶器和 U 字型陶器的登场》，《韩国考古学报》第 90 辑，2014 年 3 月。

孔祥星、刘一曼：《中国古代铜镜》，文物出版社，1984 年

李东熙（音）：《"湖西和西部湖南地区初期铁器——原三国时代编年"商榷》，《湖南考古学报》第 35 辑，2010 年。

李慧竹：《论汉王朝在朝鲜半岛的统治与经略》，山东大学硕士学位论文，2004 年。

李南珪：《韩半岛初期铁器文化的流入样相》，《韩国上古史学报》第 36 辑，韩国上古史学会，2002 年。

李南珪：《朝鲜半岛初期铁器文化的形成和发展过程》，赵志文译，《华夏考古》1996 年第 1 期。

李仁淑：《韩国的古代琉璃》，창문出版社，1993 年。

李水城、艾婉乔:《先秦时期莱州湾与朝鲜半岛文化交流的新线索》，《中国文物报》2016 年 7 月 15 日第 6 版。

李阳洙：《韩半岛三韩、三国时代铜镜的考古学研究》，釜山大学文学博士学位论文，2010 年。

李在贤：《韩国出土乐浪相关遗物的现况和性格》，《乐浪的考古学》（第 33 届韩国上古史学会学术发表大会论文集），韩国上古史学会，2005 年。

李钟旭：《韩国初期国家的形成、发展阶段》，《韩国史研究》第 67 辑，1989 年。

苗威：《朝鲜半岛上古史的特点》，《黑龙江社会科学》2015 年第 2 期。

朴淳发：《从土器相看湖南地区原三国时代编年》，《湖南考古学报》第 21 辑，2005 年。

朴淳发：《汉城百济考古学的研究现状检讨》，《考古学》3-1,2004 年，首尔京畿考古学会。

沈奉谨：《三韩、原三国时代的铜镜》，《石堂论丛》第 16 辑，1990 年。

孙明助：《庆州隍城洞冶铁遗址的性格》，《新罗文化》第 14 辑，1997 年。

王培新：《公元 2—4 世纪西北朝鲜砖室墓初步研究》，《边疆考古研究》第 2 辑，科学出版社，2004 年。

王培新：《乐浪郡与中国内地的联系》，《史学志》第 48 辑，2014 年。

王培新：《乐浪文化——以墓葬为中心的考古学研究》，科学出版社，2007 年。

王培新：《西北朝鲜地区木椁墓研究》，《边疆考古研究》第 4 辑，科学出版社，2006 年。

王巍：《从考古发现看四世纪的东亚》，《考古学报》1996 年第 3 期。

王巍：《中国古代铁器及冶铁术对朝鲜半岛的传播》，《考古学报》1997 年第 3 期。

王子今：《秦汉交通史稿》，中共中央党校出版社，1994 年。

吴江原：《韩国古代文化与乐浪文化的相互作用以及东亚细亚》，《东方考古》第 11 集，科学出版社，2015 年。

咸舜燮：《通过天安清堂洞遗迹看马韩的对外交流》，《马韩史研究》，忠南大学校出版部，1998 年。

尹龙九：《对三韩的朝贡贸易的考察——考察汉代乐浪郡的交易形态和关系》，《历史学报》第 162 辑，1999 年。

郑君雷、赵永军:《从汉墓材料透视汉代乐浪郡的居民构成》,《北方文物》2005 年第 2 期。

郑君雷:《汉代东南沿海与辽东半岛和西北朝鲜海路交通的几个考古学例证》,《汉代考古与汉文化国际学术研讨会论文集》, 齐鲁书社, 2006 年。